Vera F. Birkenbihl

Humor –

An Ihrem Lachen
soll man Sie erkennen

W0074537

Vera F. Birkenbihl

Humor – An Ihrem Lachen soll man Sie erkennen

Die Deutsche Bibliothek – CIP-Einheitsaufnahme

Birkenbihl, Vera F.:
Humor – an Ihrem Lachen soll man Sie erkennen /
Vera F. Birkenbihl. - Landsberg am Lech : mvg, 2001
    (mvg-Paperpacks ; 08837)
    ISBN 3-478-08837-2

© 2001 beim mvg-verlag im verlag moderne industrie AG & Co. KG, 86895
Landsberg am Lech

Umschlaggestaltung: Vera F. Birkenbihl
Umschlagrealisation: Vierthaler & Braun, München
Abbildungen: Vera F. Birkenbihl
Satz: Fotosatz H. Buck, Kumhausen
Druck- und Bindearbeiten: Ebner Ulm
Printed in Germany 08837/701802
ISBN 3-478-08837-2

Inhaltsverzeichnis

Intro: Hier geht es los!

Gratuliere! Die Tatsache, daß der Buchtitel Sie nicht abgehalten hat, das Buch in die Hand zu nehmen, spricht für Sie!

1. Dies ist ein Buch-Seminar

Das heißt: Sie haben ein komplettes Seminar in Taschenbuchform erworben. Dabei gelten dieselben Spielregeln wie im richtigen Seminar: Sie entscheiden, ob Sie sich nur „berieseln" lassen *(Ich will nur lesen! Dies ist schließlich ein Buch!)*, oder ob Sie die Möglichkeiten, aktiv mitzumachen, nutzen wollen. Es gibt einige Gründe für mein Buch-Seminar-Konzept, die ich in einem anderen Buch-Seminar *(StoryPower)* vorgestellt habe (Sie finden diese in MERKBLATT Nr. 1, S. 195). Übrigens enthalten alle MERKBLÄTTER ergänzende Informationen, die man nach Bedarf lesen (oder auslassen) kann.

2. Die Zielstellung dieses Buch-Seminars

Es geht darum, die enorm wichtige Rolle von Humor in unserem Leben zu beleuchten sowie unsere Humor-Fähigkeit zu stärken oder zu verbessern. Ganz nebenbei lernen Sie so einiges (z.B. über das Lachen oder über den Zusammenhang von Witz und Kreativität), das Ihnen neu sein dürfte. Wir befassen uns hier mit einem Thema, das ca. Ende der Siebziger Jahre zu einem eigenständigen Wissens-Gebiet wurde: Der Name GELOTOLOGIE (Lehre vom Lachen) leitet sich von griechisch γελοσ [sprich: GELOS] her. Wer sich in der rasant wachsenden Gelotologie-Literatur umsieht, findet vor allem zwei große Fragen-Komplexe:

1. **Was passiert beim Lachen?** Was geschieht im Körper und im Gehirn? Ist Lachen wirklich gesund? Oder handelt es sich hier um ein Ammenmärchen?

2. **Was „macht" uns lachen?** *Worüber lachen die Menschen? Was finden sie witzig?* Hierzu gehören auch Fragen wie: *Gibt es Regeln, um Humor zu „produzieren"?* Oder: *Kann man Lachen gezielt fördern?* (von Aktionen in Krankenhäusern über spezielle Lach-Seminare bis hin zu Tricks für Leute, die beruflich Humor „produzieren" sollen, z.B. Drehbuchautoren (für Comedy-Shows und Sitcom-Serien), Komiker, Kabarettisten u.a.).

3. Mitmachen!

Sie werden Aufgaben kennenlernen, von denen manche **sofort** ausführbar sind, andere demnächst oder regelmäßig, *ab jetzt* oder ab wann Sie dazu bereit sind.

Es folgt ein Beispiel für eine kleine **Inventur-Aufgabe, die Sie bitte sofort lösen:** Bitte beurteilen Sie den folgenden Witz auf einer Skala von 0 (todlangweilig) bis 100 (phantastisch!) und tragen Sie das Ergebnis ein:

Stolz verkündete Mike seiner Frau, er sei zum **Vizedirektor** seiner Firma avanciert. „Na toll!" meinte sie. „Vizedirektoren gibt es wie Sand am Meer. Unser Supermarkt hat sogar einen Vizedirektor für Einkaufstüten." Verärgert sagt er: „Das möchte ich jetzt aber genau wissen!" Er ruft in dem Laden an und verlangt den Vizedirektor für Einkaufstüten. Natürlich nimmt er an, es gäbe keinen. Aber dann fragte eine höfliche Stimme: „Suchen Sie den Vizedirektor für den Bereich Papier- oder Plastik-Tüten?"

_____ %

Bitte wiederholen Sie dies und vergleichen Sie:

Chef: „Meine Damen und Herren, ich habe ja nichts dagegen, daß es **geteilte Meinungen** gibt, aber wir wollen es doch so halten, daß ich eine Meinung habe und Sie diese dann bitte teilen."

Vergleich:

Vizedirektor _____ % geteilte Meinungen _____ %

Nun erhebt sich die Frage: Haben Sie aktiv mitgemacht? Dann wird Ihnen dieses Buch als Seminar viel zu bieten haben, inklusive zahlreicher Aktivitäten, z.B.:

 **Inventur-Aufgaben**

Sie haben soeben eine kleine Inventur-Aufgabe ausgeführt. Weitere Aufgaben zur Witz-Beurteilung:

1. **Tragen Sie mindestens fünf Personen die beiden Witze vor und bitten Sie sie um deren Urteil.** (Hilfestellung: Dies kann telefonisch geschehen. Bitte lesen Sie die Witze vor, damit jede Versuchsperson genau dieselbe Story zu hören bekommt.)

2. **Vergleichen Sie die Urteile mit Ihren eigenen.**

3. **Denken Sie darüber nach,** wer welchen Witz besser fand und ob Ihnen dafür erste Erklärungen einfallen

oder angeboten wurden. Es kann z.B. interessant sein, welche Beamt/innen über Beamtenwitze lachen können (oder welche Lehrer/innen über einen Witz, der spielerisch mit ihrem Alltag umgeht). Witze sind schließlich immer auch ein Spiegel der jeweiligen Gesellschaft. So gibt es in Amerika viele Therapeutenwitze, bei uns fast keine! (Diese Übung stärkt und erweitert Ihre Menschenkenntnis und macht auch noch eine Menge Spaß.)

4. **Bei späteren Experimenten** (auch mit anderen Witzen) versuchen Sie **vorab** zu **raten**, wie Ihre Gesprächspartner wohl **urteilen werden.**

Aber es gibt auch HUMOR-Strategien. Diese setzen Sie ganz gezielt ein, um gewisse Ziele zu erreichen. Bevor ich Ihnen ein erstes Beispiel anbiete, eine Frage:

Haben Sie viel zu lachen?

Die meisten Menschen gehen davon aus, daß uns komische oder lustige Dinge „einfach so" passieren (oder auch nicht), daß sie also kaum beeinflussen können, ob sie etwas zu lachen haben oder nicht.

Solch ein Vorurteil sollten Sie hinterfragen, denn dieses Buch zeigt Ihnen, daß es auch anders geht, für den Fall, daß Sie (oder Ihre Lieben) Heilung anstreben!? Einen ersten Schritt bietet Ihnen die folgende Strategie.

Strategie Nr. 1: täglich 1 x

Ziel: mindestens einmal pro Tag zu lachen (oder zumindest zu lächeln). Machen Sie sich mindestens einmal pro Tag klar, daß Sie selbst sehr wohl Einfluß auf die Lach-Häufigkeit in Ihrem Leben nehmen können.

VORGEHEN: Analog der alten Pfadfinder-Maxime *(Jeden Tag eine gute Tat)** wollen Sie ab heute mindestens **einmal pro Tag mindestens einen Witz lesen, hören** oder **erzählen.** Dies ist eine Strategie, die Sie bewußt zur Kenntnis nehmen, um dann zu entscheiden: Bin ich dazu bereit? Wenn Sie Zweifel haben, dann fragen Sie sich: Bin ich zumindest bereit, einen Monat lang zu testen und dann zu entscheiden? Wenn ja, dann werden Sie handeln!

Hilfestellung: Legen Sie ein Witzbuch unter Ihr Kopfkissen. Warum? Stellen Sie sich vor, Sie wollten diese Strategie leben, dann werden Sie doch so manches Mal abends Ihre Beine ins Bett schwingen und müssen feststellen, daß Sie heute leider doch noch keinen Witz

---

* Diese wurde übrigens aus China importiert. Die Strategie der täglichen guten Tat geht auf KONFUZIUS zurück!

erzählt oder gehört haben. Vielleicht war es ein besonders hektischer Tag, vielleicht hatten Sie mehrere Mee-
tings mit furchtbar „verbissenen" Gesprächspartnern,
vielleicht ist heute die Waschmaschine kaputtgegangen
und Ihr Keller stand unter Wasser...?

Wenn Sie also abends feststellen, daß Sie heute gewiß
nichts zu lachen hatten, dann können Sie enttäuscht unter die Bettdecke kriechen und sich furchtbar leid tun
(das Leben ist eins der schwersten...), oder aber Sie können **jetzt sofort** (mindestens) einen Witz **lesen**. Dies tun
Sie erstens, um Ihre Aufgabe zu erfüllen. Zweitens beweisen Sie sich wieder einmal, daß Sie auch an solchen
Tagen **gegensteuern** können.

 ## Inventur-Aufgabe Nr. 2

Hier gilt es, HUMOR im Alltag (inkl. TV, Video-Auf-
zeichnungen etc.) zu entdecken! Dabei ist es für die meisten anfangs **leichter**, lustige Dinge, über die wir lächeln
oder lachen können, **bei anderen** wahrzunehmen. Die
berühmte Bananenschale ist für die meisten nur komisch,
wenn ein **anderer** darauf ausrutscht. Dasselbe gilt für alle Ausrutscher (Fehler, Versprecher etc). Genau hierin
liegt der hohe Reiz von Sendungen wie *Pleiten, Pech und
Pannen* oder Spielchen mit der versteckten Kamera.

Das ist einer der Aspekte, die ich Ihnen bewußt machen will: Wer lernt, eine innere **Pro-Humor-Einstellung** zu entwickeln, lernt, sein Bewußtsein auf andere Aspekte der vorhandenen Wirklichkeit zu lenken! Diese Inventur-Aufgabe ist ein weiterer kleiner Schritt auf diesem Weg.

Am besten besorgen Sie sich ein GEBUNDENES **Büchlein** zum **Hineinschreiben**, denn Schul-Kladden sind oft **schlecht geleimt** und halten keinesfalls jahrelanges Hantieren aus. Dies mußte ich leider feststellen, als einige meiner wichtigsten Sudelbücher wortwörtlich **aus dem Leim gingen**. Deshalb sollten Sie  für langfristige Projekte nur **genähtes** Material akzeptieren, das wirklich lange halten wird!

Natürlich sollten Sie Ihre Entdeckungen auch festhalten, wie ein/e Forscher/in (Stichpunkte reichen). Erstens, weil Sie später mit diesen Notizen weiterarbeiten können und zweitens, weil diese innere Entdecker-Haltung hilft, unser Leben bewußter zu leben und besser zu meistern.

Leider haben wir in der Schule nichts darüber gelernt (da lernten wir Wurzelziehen!). Außer Forschern, Autoren und Künstlern gibt es wenige Leute, die heutzutage Notizbücher führen. Ich meine hier keine zweizeiligen Eintragungen in Ihrem Time-Management-Buch; ich meine täglich Eindrücke, Ideen, Ergebnisse von Versuchen (vgl. die erste Inventur-Aufgabe oben) u.ä. festzuhalten. Wer einmal damit beginnt, Kladden zu nutzen, stellt fest, daß man komischerweise weit mehr Ideen hat als früher. Ist es ein Wunder?

Strategie Nr. 2:
Gute Witze sammeln

Nun möchte ich Ihnen eine überaus erfolgreiche Strategie nahelegen. Ziel ist es, in persönlichen Gesprächen **gute Witze zu sammeln**. Dies hat vier Gründe:

1. **Ihr Notizbüchlein** wird ausschließlich Witze enthalten, die Ihnen persönlich gut gefallen - im Gegensatz zu käuflichen Witzesammlungen.

2. **Der Akt des Aufschreibens** ist eine **bewußte** Handlung, mit der Sie sich beweisen, daß Sie bereit sind, das Thema HUMOR wichtig zu nehmen (was **nicht** etwa mit *ernst nehmen* verwechselt werden darf).

3. Ihre Bereitschaft, diesen Witz FESTZUHALTEN, ehrt die Person, die ihn Ihnen erzählt, insbesondere wenn Sie (z.B. während Sie Ihr Büchlein zücken) beiläufig erwähnen, daß Sie nur wenige Witze notieren, weil es ja nur wenige wirklich gute gäbe!

Der Titel Ihres Notizbüchleins könnte einen **Hinweis** auf die Qualität des Inhaltes enthalten…

Durch das Aufschreiben schaffen Sie im Lauf der Zeit ein kleines **Werk**, das Ihnen im Alltag helfen kann, denn:

4. Sie können später jederzeit in diesem Notizbüchlein **lesen, wenn Sie eine kleine Aufmunterung brauchen.** Dabei geht es nicht nur um die Erinnerung an die Witze, sondern um einen weiteren wichtigen Aspekt:

Da Sie sich immer auch den Namen des Überträgers notieren, sowie ein Stichwort zu Ort und Zeit, werden Sie sich später beim Wiederlesen auch an die Begleit-Umstände erinnern, z.B. an Ihr ursprüngliches Erstaunen bei der Pointe, an Ihrer beiden herzhaftes Lachen usw. Im Klartext:

bitte umblättern

**Das Wieder-Lesen wird zu einem kleinen Wie-
der-Erleben und genau das ist der Aspekt, der
Ihre heutige Stimmung heben wird. Es ist fast,
als seien Sie noch einmal „da und dort".**

Dies funktioniert natürlich nur bei „echt guten" Witzen,
weshalb Sie ja auch nur solche in Ihr Notizbüchlein eintragen!

Alles klar?

Jetzt wissen Sie, warum wir mit dem Hören, Lesen und
Weitergeben von Witzen (vgl. **Strategie Nr. 1**) in das
Thema HUMOR eingestiegen sind.

**Je mehr gute Witze Sie sammeln, desto besser
ist die „Grundlage" für das Folgende, und
Spaß machen darf es auch noch!**

Übrigens gibt es im Internet abertausende von Witzen,
sogar thematisch sortiert. Wenn Sie nicht ständig selbst
surfen wollen, dann ist für Sie der dritte Strategie-An-
satz besonders interessant.

Strategie Nr. 3:
Gegenseitiges Engagement ist hilfreich!

Surfen Sie auf Gegenseitigkeit nach Witzen im inter-net. Suchen Sie füreinander Witze aus, die Sie gut finden bzw. von denen Sie annehmen, daß sie dem Empfänger gefallen werden (und umgekehrt).

Menschen, mit denen Sie trainiert haben (vgl. Inventur-Aufgabe S. 10) sind besonders geeignet zu erraten, was dem jeweils anderen gefallen könnte. Manche unserer Birkenbihl-Brief-Leser/innen veranstalten inzwischen richtige **Ringtäusche***…

---

* Übrigens finden Sie eine kleine aber feine Auswahl von Witzen auf meiner internet-Seite **(www.birkenbihl-insider.de)**, und zwar sowohl ei-nen *WITZ der WOCHE* als auch einen *JOKE of the WEEK*.

Strategie Nr. 4:
Witze kategorisieren

Jeder Witz fällt in eine oder mehrere Witz-Kategorien; so spielen z.B. viele Witze mit Ängsten.

Im ersten Beispiel ist es nur eine „kleine", im zweiten Beispiel sogar Todesangst.

Beispiel 1:

„Ich hätte mir für unseren Ausflug heute nicht diese neue Jacke anziehen sollen", sagt Herr Schöni am Bahnhof. „Aber sie paßt doch ausgezeichnet zu Hose und Hemd!" Darauf Herr Schöni: „Ja sicher, nur, unsere Fahrkarten sind in der alten."

Beispiel 2:

Urlauber zu Einheimischen: „Ich würde ja so gerne ins Wasser gehen, aber ich traue mich nicht!" Auf die Frage „Warum?", antwortet er: „Seit dem Film *Der weiße Hai* habe ich schreckliche Angst vor Haien." Doch da kann ihn der Einheimische beruhigen: „Bei uns brauchen Sie absolut keine Angst vor einem Hai zu haben. Hier gibt es sogar eine 100%ige Anti-Hai-Garantie." — „Aber wie können Sie denn da so sicher sein?", will der ängstliche Badegast wissen. Und er erhält eine 100%-ig überzeugende Antwort, nämlich: „Ach wissen Sie, wo Krokodile leben, da gibt es keine Haie."

So, jetzt haben Sie einige der Aufgaben kennengelernt, desweiteren erste Strategien, die Ihre Humor-Fähigkeit erhalten oder erhöhen werden. Merke:

Auch Menschen mit hohem Humor-Quotienten können schwächer werden, wenn sie sich zu lange hängen lassen. Deshalb ist ständiges Training sehr wichtig.

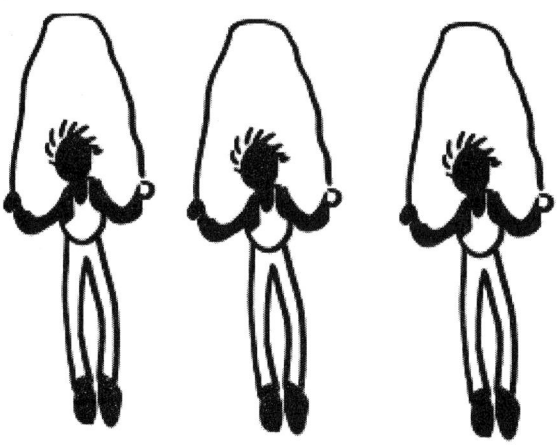

Die Aufgaben in diesem Buch mögen Ihnen beim Lesen sehr einfach erscheinen, aber Sie bringen viel (und machen auch noch Spaß!)

Nun wünsche ich viel Gelächter, beim Lesen dieses Buches und danach, für den Rest Ihres Lebens!

Vera F. Birkenbihl   Odelzhausen, Frühjahr 2001

internet: www.birkenbihl-insider.de
Bei Interesse am monatlichen Coaching-Brief:
www.birkenbihlbrief.de

Wenn es uns lacht…
Oder: Wie lachen Menschen?

Mini-Quiz

Quizfrage Nr. 1:

Sie haben abertausende von Malen in Ihrem Leben **gelacht**. Dabei waren Sie wohl oft mit anderen Menschen zusammen, also konnten Sie **andere Menschen lachen sehen**. Stellen Sie sich jetzt also bitte folgende Frage:

*Was passiert, **rein körperlich**, beim Lachen?* Vielleicht möchten Sie sogar versuchen, Ihre Erfahrungen (stichpunktartig) festzuhalten, ehe Sie weiterlesen. (Wir meinen übrigens *ein richtiges Lachen* von mindestens fünf Sekunden Dauer!)

Quizfrage Nr. 2:

Wie viele Begriffe können Sie in der folgenden Liste finden, die Ihrer Meinung nach beim Lachen **nicht direkt betroffen** (angesprochen, einbezogen, bewegt, gereizt) **werden**?*

bitte umblättern

---

* Die Lösung finden Sie im MERKBLATT Nr. 2: Inneres Jogging, S. 197.

❏ Arterien   ❏ Leber
❏ Atemmuskulatur   ❏ Lippen
❏ Augen   ❏ Lunge
❏ Bauchspeicheldrüse   ❏ Mund
❏ Bronchien   ❏ Skelettmuskulatur
❏ Gallenwege   ❏ Unterkiefer
❏ Gesichtsmuskeln   ❏ Venen
❏ Herz   ❏ Verdauung
❏ Kehlkopf   ❏ Zwerchfell
❏ Kopf

Ich habe _____ Begriffe angekreuzt.

Was passiert im Körper beim Lachen?

Die körperlichen Auswirkungen des Lachens bei einem echten „Bauchlachen" können extrem ausgeprägt sein. Dies veranlaßte einige Autoren, darauf hinzuweisen, daß genaugenommen eher „es uns" lacht, als daß wir tatsächlich Handelnde sind. Konrad LORENZ sprach vom **Kapitulations-Reflex**, weil wir als Organismus im Lachen „aufgehen", weil wir uns dem Lachen „hingeben", weil wir sozusagen vor dem Gelächter kapitulieren! In seinem sehr lesenswerten Buch *Erlösendes Lachen* sagt Peter L. BERGER:

> Das Lachen ist ganz offensichtlich ein Phänomen, das Körper und Geist gleichermaßen betrifft.

Er stellt fest, daß sowohl die Körper-Geist Zweisamkeit als auch das Phänomen, sich auf- oder hingeben zu müssen, selbst für den **Zwillingsbruder des Lachens**, das **Weinen**, zutrifft. Er fährt fort:

> Trotzdem lacht oder weint nicht (unser) Körper, sondern der Mensch tut dies, und zwar über etwas…, (d.h.) selbst inmitten der … Körperreaktion behält der Mensch (seine) Zielgerichtetheit… (er) kann sagen warum … (also) worüber er lacht oder weint.

Diese Tatsache, dass wir vom Lachen „übermannt" werden und doch wissen, warum wir lachen, hat Helmut PLESSNER veranlaßt, uns eine besondere, wörtlich gemeinte *EXZENTRIK* zuzubilligen. Damit meint er, daß wir quasi „außerhalb unserer selbst" (außerhalb des Zentrums) stehen und unser eigenes Verhalten

PLESSNERs Begriff der *EXZENTRIK*
1. *ex* heißt: *aus, heraus* und
2. *ZENTR…* bedeutet: *Mitte, Zentrum*

(z.B. Lachen) beobachten können. Hier stoßen wir erstmals auf die **relativierende** Funktion des Lachens, wie wir bei BERGER nachlesen können:

> Diese „exzentrische Position" des Menschen erlaubt es ihm, die Welt sowohl als Zwang (als auch) als Freiheit wahrzunehmen…

Somit zeigt sich, daß das Lachen unter anderem eine phänomenale Anti-Streß-Möglichkeit sein kann, *psychologisch* gesehen. Aber sehen wir uns den körperlichen Vorgang des Lachens näher an, so begreifen wir auch, warum tägliches **Lachen das beste Fitneß-Programm** ist…

Denken Sie an die beiden Quiz-Aufgaben (Seite 23). Ab jetzt können Sie Ihre Gedanken überprüfen: Haben Sie auch nur einen Bruchteil der körperlichen Reaktionen beim Lachen erfaßt? Beginnen wir mit einer einfachen Beschreibung des Lach-Vorgangs aus der Sicht eines Mediziners (RUBINSTEIN*):

| DER BEGRIFF: *KONTRAKTION* taucht in diesen Zitaten mehrmals auf, er bedeutet: *Zusammenziehung* (in unserem Zusammenhang besonders von Muskeln) | Diese Körper-Reaktion besteht aus einer Reihe von kleinen aber heftigen ATEM-Bewegungen, die von unwillkürlichen **Kontraktionen** (vgl. Rand) der Gesichtsmuskeln abhängen. Sie werden von einer Vokalisierung begleitet, die durch heftiges Ein- und Ausatmen mit Hilfe des Zwerchfells gebildet |

---

* RUBINSTEIN, H.: *Die Heilkraft des Lachens* (1955, zitiert bei: TITZE, Michael & ESCHENRÖDER, Christof, T.: *Therapeutischer Humor: Grundlagen und Anwendungen*).

wird. Gleichzeitig lockern sich die übrigen Muskeln mehr oder weniger stark.

Nun lassen uns TITZE und ESCHENRÖDER nachvollziehen, wie ein Naturforscher diesen Vorgang beschreibt, nämlich Charles DARWIN (1872)

(Das) Lachen entsteht (nach) einer tiefen Einatmung, der krampfartige **Kontraktionen** in der Brust, vor allem aber im Zwerchfell (folgen) … Beim Lachen ist der Mund … geöffnet … Bei starkem Lachen füllen sich die Augen mit Tränen… Die Atemmuskulatur und selbst Teile der Skelettmuskulatur werden gleichzeitig rapiden vibratorischen Bewegungen unterworfen. Die Unterkiefer werden nicht selten in diese Bewegung einbezogen (weshalb) sich der Mund nicht weit öffnen kann*.

Während eines (sehr starken) Lachens wird der ganze Körper oft förmlich nach hinten geworfen

---

* Einerseits geht man gerne davon aus, das **Lachen auf ha-ha** sei ein offenes (ehrliches) Lachen (im Gegenteil zum Gekichere auf hi-hi). Andererseits zeigt die moderne Lachforschung, daß bei intensivem Lachen der Unterkiefer davon abgehalten wird, zur Lautbildung des „aaa" beizutragen. Deshalb sollten Sie vorsichtig sein und Ihre Mit-Lachenden nicht vorschnell beurteilen, wenn diese von einem Lachen „erfaßt" werden und als Opfer des LORENZ'schen Kapitulations-Reflexes vielleicht jetzt gerade nicht „Ha-Ha-Ha" lachen können…

und in einer fast konvulsiven Weise durchge-
schüttelt; die Atmung ist stark eingeschränkt;
Kopf und Gesicht werden (gut durchblutet), wobei sich die Venen weiten… *(auf die Arterien
kommen wir gleich)*. Der Tränenenfluß kann sich
ungehemmt entfalten.

TITZE/ESCHENRÖDER fügen diesen Beobachtungen
DARWINs eigene hinzu (Hervorhebungen meine), wobei Sie erstaunt sein werden, was alles beim Lachen „angesprochen" wird! Ich zitiere:

Das Lachen wirkt sich demnach wellenförmig auf
die **gesamte Muskulatur** aus. Von besonderer
Bedeutung sind die **flachen Muskeln im Ge-
sichtsbereich** – Stirn, Schläfen, kleines und
großes Jochbein, Lippen und Augenlider. Insbesondere die zygomatische Muskulatur des Joch-
beins formt dabei den typischen Lachausdruck.

Im Lachen werden auch die **Brustmuskeln** aktiviert, was die Voraussetzung für einen **erhöhten
Gasaustausch** in der Lunge schafft. Der Haupt-
muskel für das Einatmen ist das **Zwerchfell**. Dieses wird beim Lachen stark aktiviert, so daß die
Atemkapazität bedeutend erhöht wird.

Apropos: **Atemkapazität.** Hierzu bieten uns die Autoren eine faszinierende Fußnote an:

Beim Lachen wird das Zwerchfell durch die Kontraktion der **Bauchmuskulatur** stimuliert, so daß sich ein selbstverstärkender Kreislauf ergibt. Dabei kommt es zu einer … Senkung des Zwerchfells, die zu einer tiefgreifenden **Durchknetung** der **Leber** und der **Gallenwege**, aber auch der **Bauchspeicheldrüse** führt. Dies wirkt sich **positiv** auf den **Fettstoffwechsel** und die **Verdauung** aus.

Nun lesen wir im Haupt-Text weiter:

Neben dieser Aktivierung der **willkürlichen Skelettmuskulatur** kommt es beim Lachen auch zu einer starken Anregung der **unwillkürlichen Muskulatur.** So **erhöht** sich der **Herzrhythmus zunächst**, um **später** dauerhaft **abzusinken**. Die Muskulatur der Arterien entspannt sich, so daß das **Gefäßvolumen** erhöht wird. Damit **verringert sich der arterielle Druck**. Ebenso öffnen

sich die **Bronchien**…, so daß die **Durchlüftung**
der **Lungen** gefördert wird.

Aus alledem ergibt sich, daß einige Autoren **das Lachen**
durchaus mit Berechtigung als **inneres Jogging** bezeichnen.

Nun gibt es jedoch weitere körperliche Reaktionen, die
wir noch nicht angesprochen haben. Sie liegen auf einer
ganz anderen Ebene. *Erstens* begeben wir uns jetzt in eine andere **Größen-Dimension** (auf das Niveau einzelner
Zellen) und *zweitens* handelt es sich um mikroskopische,
„feuchte" Begleiterscheinungen. Das Lachen geht nämlich mit gewissen Ausschüttungen (von Peptiden/Hormo-
nen) im Gehirn und im Körper einher. **Bevor wir uns
diese ansehen, wollen wir uns** mit einem der „Väter"
der neuen Wissenschaft vom Lachen befassen, nämlich
Norman COUSINS.

Stellen Sie sich vor, Sie leiden immer häufiger unter sehr
starken Schmerzen und pilgern zum Arzt. Dort erfahren
Sie nach einigen Tests erstens, daß diese Schmerzen
ständig schlimmer und Sie bald ununterbrochen quälen
werden. Zweitens teilt man Ihnen mit, daß diese Ihre
Krankheit unheilbar ist (Sie leiden an *Spondylarthritis*).
Im Vergleich zu „normalen Krankheiten" ist die Todes-
rate sehr hoch (von 500 Patienten sterben 499).

All das teilte man Norman COUSINS in den siebziger Jahren mit. Als er die Diagnose und die Prognose erfuhr, hätte er verzweifeln können, aber stattdessen entwickelte er einen genialen Gedankengang. Er sagte sich: Es ist ja inzwischen wissenschaftlich bewiesen, wie sehr negative Gefühle den Organismus und das Immunsystem schwächen können, aber was ist, wenn wir den Umkehrschluß ziehen und uns fragen würden: **Könnte das Gegenteil ebenfalls wahr sein?**

COUSINS hatte nichts mehr zu verlieren, es war also einen Versuch wert. Nun zog der Patient (nebst einer privaten Krankenschwester) aus dem Krankenhaus in ein benachbartes Hotel (Argument: *Krankenhäuser sind zum Gesunden nicht geeignet!*). Dort ließ er sich stundenweise komische Filme vorführen, lustige Bücher vorlesen, von Freunden besuchen, die ihm Witze erzählen „mußten" etc. Er fand bald heraus, daß seine These richtig war: **Schon 10 Minuten herzhaftes und intensives Lachen erlaubten ihm, ca. 2 Stunden zu schlafen, weil die Schmerzen erträglicher wurden und sich die** (bei ihm krankheitsbedingt) **sonst sehr verkrampften Muskeln entspannten.**

Ständige Messungen zahlreicher physiologischer Werte bewiesen:

Lachen reduziert die typischen Streß-Reaktionen und führt zu erhöhter Produktion von Heilstoffen im System.

Eine der ganz großen Pionier-Persönlichkeiten auf diesem Gebiet ist Candace PERT, deren Hartnäckigkeit es zu verdanken ist, daß die Wissenschaft heute weit mehr über die „feuchten" Prozesse in Gehirn und Körper, sowie deren Verbindung zum Immun-System, versteht. Sie schreibt in ihrem autobiografischen Bericht (*Moleküle der Gefühle – Körper, Geist und Emotionen;* Hervorhebungen meine):

COUSINS* (…) sah sich mit der Diagnose einer lebensbedrohenden Krankheit konfrontiert – eine Erfahrung, die ihn dazu brachte, **die gesamte Grundlage der westlichen Medizin in Frage zu stellen.** … Selbst kein Arzt, geriet er als Patient heftig mit dem medizinischen Establishment aneinander und **gelangte zu einigen sehr vernünftigen Schlußfolgerungen** hinsichtlich der Defizite des (medizinischen) Systems. Er begriff rasch, daß ihm seine Ärzte wenig Hilfe bieten konnten,

---

* Sie äußert sich zu: Norman COUSINS: *Der Arzt in Dir.*

und verließ das Krankenhaus… (Er) vergrub sich … (in dem Hotel) mit einem Vorrat (lustiger) Videos, die ihm halfen, **sich buchstäblich gesund zu lachen**. Intuitiv hatte er erkannt, **daß sein Körper das Lachen als lebensbejahende, lustvolle Erfahrung brauchte**. Wie uns seine Krankengeschichte vor Augen führt, spielten Geisteszustand, Gedanken und Gefühle, **die vom schulmedizinischen Modell vollkommen außer acht gelassen wurden**, eine wichtige Rolle bei seiner Gesundung… Hier zeigte sich ganz unmittelbar die Bedeutung all unserer Bemühungen, die **Neuropeptide** zu verstehen, (also) die Hirnstoffe, die für Stimmung und Verhalten zuständig sind, und die chemischen Kommunikationswege zu identifizieren, über die sie **Verbindungen zum Immunsystem** und jedem anderen Körpersystem herstellen!

Norman COUSINS überlebte und beschrieb seine Erfahrungen in einem bahnbrechenden Buch *(Der Arzt in Dir)*. Spätere Auswirkungen, die durch dieses Buch ausgelöst wurden, führten letztendlich direkt und indirekt zu:

- **Komik-Wägen** in Krankenhäusern (rollende Mini-Bibliotheken für lustige Bücher, Ton- und Video-

Kassetten für Patienten, vorwiegend in den USA, erst vereinzelt in Europa!)

● sogenannten „**Doktor Clowns**", die sich in zwei Kategorien einteilen lassen:

a) Eine **eigene Clown-Gattung** (die eine spezielle Ausbildung durchlaufen haben, um mit Kindern in Kliniken zu arbeiten)

b) **Ärzte/Krankenschwestern**, die ihren alltäglichen Stil, mit Kindern umzugehen, **umgestellt** haben. Sie arbeiten z.B. mit roten Pappnasen, scherzen mit den Kindern, benutzen Handpuppen (z.B. um schwierige Themen zu erklären) usw.

Es gibt wunderbare Resultate, denn:

● **Lachende Kinder haben weniger Angst** (weniger negativen Streß, weniger krankmachende Streß-Hormone).

● **Lachende Kinder** haben nachweislich **weniger** (bzw. weniger intensive) **Schmerzen**.

● **Lachende Kinder** brauchen **weniger Medikamente**.

● **Lachende Kinder schlafen wesentlich besser** (ein und durch).

● **Lachende Kinder sind „besser drauf"** (das zeigt sich z.B. daran, daß sie Spiele über längere Zeiträume spielen können, weil sie wesentlich bessere Aufmerksamkeits-Spannen haben (ein wichtiger Indikator für das Streß-Geschehen); und:

● **Lachende Kinder heilen schneller**…

All das gilt natürlich **auch** für **kranke Erwachsene**, wenn sie sich täglich mindestens **30 Minuten mit komischem Material beschäftigen.** Zwar ist intensives Lachen der Königsweg*, aber **jede Art von Heiterkeit, auch stilles Amüsement, löst gesundmachende Prozesse im Körper aus.** Das haben viele von Ihnen schon selbst erfahren. Denn, wer bereits mit einigen der Aufgaben aus diesem Buch begonnen hat, konnte sicherlich bereits feststellen, daß es einfach gut tut. Die wichtigsten Strategien, die am schnellsten helfen, sind:

● Täglich mindestens einmal Witze hören/erzählen oder zumindest einige Witze lesen! (Siehe S. 13)
● Witze sammeln und eintragen (Witze-Büchlein anlegen) (Siehe S. 15)
● Im Alltag Lustiges **bewußt** wahrnehmen (Siehe S. 14)

---

* Deshalb gibt es inzwischen regelrechte **Lach-Seminare**, in denen Menschen eine besondere Art von Lachen erlernen. Bei diesen speziellen Lach-Atem-Übungen handelt sich um eine Ableitung klassischer Yoga-Atem-Übungen.

Lachen Sie sich doch gesünder!

Wer häufig (auch länger!) lachen kann, kommt in den Genuß von **10 Vorteilen** für seine Gesundheit:

1. Vorteil:

Durch die geschilderten Körper- und Muskel-Reaktionen **entspricht das Lachen einem „Workout"**. Dabei ist eine längere Witzrunde oder eine Comedy- oder Kabarett-Aufführung, bei der wir immer wieder lachen, mit einem halbstündigen forschen Walking zu vergleichen!

2. Vorteil:

Da die alte **Luft** in der Lunge beim Lachen völlig „abgelassen" wird, entspricht das tiefe Bauchlachen auch einem Entgiftungs-Prozeß.

3. Vorteil:

Das **Atemvolumen vergrößert** sich stark. Beim Lachen (3 – 4faches Volumen), wird dem System **mehr Sauerstoff** zugeführt. Davon profitiert zum einen der **Fettstoffwechsel** (man verbrennt mehr Fett) und zum anderen das **Gehirn**.

4. Vorteil:

Die „**feuchten**" **Produktionen** (S. 30) wirken nicht nur wie eine kostenlose phänomenale Anti-Streß-Medizin, sondern sie stärken zudem das Immunsystem und stabilisieren damit die Gesundheit ganz allgemein!

5. Vorteil:

Menschen mit HUMOR-FÄHIGKEIT können **leichter Kontakte knüpfen**, weil sie als als sympatischer eingestuft werden als sauertöpfige oder besonders ernste Menschen.

6. Vorteil:

Menschen mit HUMOR-FÄHIGKEIT sind wesentlich **leistungsfähiger**, wenn es gilt, (auch über längere Zeiträume) unter (Zeit-)Druck zu arbeiten.

7. Vorteil:

Menschen mit HUMOR-FÄHIGKEIT sind **kreativer** und wirken **intelligenter**, denn

sie können unter Streß **schneller denken** als Leute, die gerade beleidigt (verletzt, sauer etc.) sind. Es ist also kein Zufall, daß Leute, die viel und gerne lachen, in punk-

to Intelligenz und Kreativität besser abschneiden als Miesepeter!

8. Vorteil:

Menschen mit HUMOR-FÄHIGKEIT sind
erfolgreicher, weil sie mehr Lern-Energi-
en „frei" haben (lebenslanges Lernen ist
ein wesentliches Erfolgs-Merkmal).

9. Vorteil:

Menschen mit HUMOR-FÄHIGKEIT **gewinnen (horizontale!) Distanz** (vgl.
S. 61) zu den Dingen, die Streß auslösen
könnten. Deshalb reagieren sie offen und
können sich weit schneller „wieder ab-
regen".

10. Vorteil:

Menschen mit HUMOR-FÄHIGKEIT sind
mutiger, sich den Irrungen und Wirrun-
gen des ganz normalen Alltags zu stellen;
sie sind **weniger fixiert auf spezifische
Erwartungen**. Deshalb können sie **nicht**
so leicht (oder so häufig) ent-täuscht werden. Wenn sie aber etwas als unangenehm
erleben, dann können sie den Unlust-Zu-
stand schneller beenden.

Sie sehen, es lohnt sich wirklich, wenn Sie Ihre HUMOR-FÄHIGKEIT erhöhen bzw. ständig auf hohem Niveau „halten".*

Gleichermaßen kann Ihre ganze Familie (oder Ihr Arbeits-Team u.ä.) profitieren, wenn Sie gemeinsam an diesem Ziel arbeiten. Nicht nur, weil es sich zu mehreren besser lacht. Nicht nur, weil das Lachen von manchen Autoren als „sozialer Schmierstoff" (oder als Bindemittel) bezeichnet wird, weil es die Gruppe zusammenschweißt. Sondern auch, weil jede Humor-Trainings-Aufgabe davon profitiert, wenn andere uns helfen, falls wir in unseren Bemühungen nachlassen. Sie kennen vielleicht meine Lieblings-Formulierung über den persönlichen Erfolg:

ERFOLG IST EIN PROZESS!

Es gibt **keinen Instant-Erfolg (wie Instant-Kaffee)**. Alle wirklich Erfolg-REICH-en haben sich ihren **Erfolg**

---

* Übrigens zeigt das MERKBLATT Nr. 2, S. 197 auf ein Blick, welche physiologischen „Aerobicübungen" das innere Jogging bewirkt.

erarbeitet. Ob wir („nur privat") erfolgreicher im Umgang mit unseren Mitmenschen werden wollen oder beruflichen Erfolg anstreben, in jedem Fall gilt: Jede Expertise auf irgendeinem Gebiet ist das Ergebnis von Training!

Auch die HUMOR-FÄHIGKEIT ist ständig von Ihrem Trainings-Niveau abhängig. Humorvolle Menschen können genauso miesepetrig reagieren, wenn sie sich zu lange „hängen lassen". Wann immer es um Tätigkeiten geht, die trainierbar sind, hängt die Frage unseres Erfolges von unserem REPERTOIRE ab! Verlieren wir unsere Contenance (ruhige innere Haltung), dann kann uns das jeder ansehen: Es beginnt mit den **Mundwinkeln**, wandert über die Schultern und wenn das **Herz** ergriffen wird, dann hat man **mit** dem **Humor** auch gleich seinen **Mut verloren**! Und umgekehrt:

Wer seinen Humor zurückgewinnen kann, hat echt gewonnen, denn er oder sie hat mit dem Humor auch den Lebensmut zurückerhalten!

Natürlich sind wir alle mal *down*, die Frage lautet jedoch, wie lange und/oder intensiv bleiben wir „unten" (vgl. auch das Modul *Das ABC von Humor & Witz, H wie Heimat, emotionale*©, S. 125).

Zwei Arten des Lachens? (Lachen GEGEN contra Lachen MIT…)

Wenn man sich über einen längeren Zeitraum in ein Thema vertieft, dann vergleicht man zu bestimmten Fragestellungen die Antworten vieler Denker/innen und Forscher/innen. Insbesondere bezüglich der Frage, was uns „lachen macht" gibt es jede Menge von Theorien (vgl. *Wenn es uns lacht … Oder: Wie lachen Menschen?* S. 23ff.).

In diesem Modul geht es uns um die Frage, *wann Menschen lachen oder: Welche Arten von Lachen gibt es eigentlich?* Ich suchte lange nach gemeinsamen Nennern zahlreicher Humor-Taxonomien. Letztlich konnte ich eine einfache Einteilung in **zwei Grundarten des Lachens** vornehmen, die für den Rahmen dieser Arbeit hilfreich sein kann (natürlich sind die Grenzen fließend und es kommt zu Überlappungen). Wenn Sie sich mit diesen beiden Kategorien auseinandersetzen, dann möchten Sie sich vielleicht fragen, wie diese Anteile in **Ihnen** angelegt sind? Beurteilen Sie ruhig zuerst

andere Menschen, aber später wollen Sie die Frage vielleicht auch **bezüglich Ihrer Person** beantworten: Wann lachen Sie selbst?

Kategorie 1:
Lachen GEGEN die Welt

Viele Autoren über Humor weisen darauf hin, daß hinter jedem Lachen Unsicherheit, Nervosität, Scham oder Angst stecke, und daß das Lachen eine Abreaktion der durch diese Unsicherheit ausgelösten Aggressivität sei. Sie meinen auch, es sei sicher besser, die Kampfbereitschaft durch Lachen auszuleben als durch physische Kampf-Maßnahmen.

Von ARISTOTELES, der Lachen mit *Häßlichkeit und Erniedrigung* verknüpfte, über CICERO, der dem Lachen immer *eine gewisse Gemeinheit* unterstellte, gibt es unzählige Äußerungen über **das bösartige Lachen**, das **gegen** die Welt (oder ein Element in der Welt, z.b. gegen Tiere oder Mitmenschen) gerichtet ist. Einerseits stellt die Fähigkeit, zu lachen *statt zu schlagen*, sicherlich eine Verbesserung dar (wir kommen darauf noch zurück)… Andererseits kommt es sehr darauf an, **wie** man lacht: Hämisches Auslachen kann **Vorspiel zu späterer Gewalt** sein. Zeugenaussagen zum sogenannten *Abklatschen* (im Klartext: Prügeln und Treten!) von Homosexuellen oder Ausländern zeigen, daß diese Tätigkeit der angeblich so virilen jungen Täter anscheinend mit viel „Spaß" für sie verbunden ist.

Auch darüber herrscht große Einigkeit zwischen den Fachleuten: Gefühle von Minderwertigkeit werden häufig zum **Auslöser** von **Pseudo-Heiterkeit**. So sagt man den Opfern Schwächen nach, wegen derer man sie verprügeln oder töten „muß" (vgl. Aktivitäten des Ku-Klux-Klans oder anderen Gruppierungen, die sich über andere „erheben"). Wieso man als angeblich Stärkerer angeblich Schwächere schlagen oder töten „muß", bleibt schleierhaft. Antworten jugendlicher Schläger zeigen die Hilflosigkeit: „Die muß man doch schlagen, wenn man die nur sehen tut!" Den Satz hörte ich in einem TV-Interview mit Skinheads, die sich einen Jux daraus machten, Ausländer zu peinigen und dabei schwere Verletzungen oder den Tod ihrer Opfer in Kauf nahmen. „Das ist für uns kein Problem!", meinte einer, worauf die ganze Gruppe in brüllendes Gelächter ausbrach. GOLEMAN* berichtet über mehrere Studien, die klar zeigen:

Je unfähiger junge Leute sind, Gefühle anderer Menschen zu verstehen, desto aggressiver (oder depressiver) werden sie.

Zeigt man jugendlichen Probanden z.B. Photos und Videos von anderen Menschen, dann kann man am **Grad der Unfähigkeit, Gesichtsausdrücke zu deuten,** erkennen, wie unbeliebt sie in ihrer Klasse sind. Zweitens kann man z.B. bei 7 – 9 jährigen Kindern mit ziemlicher Sicherheit prognostizieren, wie groß ihre Probleme einige Jahre später sein werden. Inzwischen wurden erste Programme als Gegenmaßnahmen gestartet, die über Jahre hinweg ausgezeichnete Erfolge hatten, weil die jungen Leute lernten, daß viele als „böse" interpretierten Handlungen anderer Kinder oder Erwachsener neutral oder sogar positiv gemeint gewesen waren. Verändert sich die extrem negative Weltsicht, dann verändern sich auch die individuellen Probleme (ob Depression oder übertriebene Aggressivität). GOLEMAN verweist auf die extremen **Kosten dieser Entwicklung, welche diese**

---

* Daniel GOLEMAN: *E.Q. – Emotionale Intelligenz.*

und die nächste Generation bezahlen müssen! So beklagen wir in den Industrienationen sowohl ein stetiges Ansteigen von Gewalt als auch eine ebenso starke Zunahme von Depressionen mit ihren Folgewirkungen, wie Eßstörungen*, Drogenkonsum, Teenager-Schwangerschaften, Selbstmord. Jungen neigen eher zur Aggression, während emotional ähnlich gestörte Mädchen häufig in hilflose „Beziehungen" driften und schnell schwanger werden. Junge Männer töten inzwischen reihenweise: Entweder sie bringen einander um oder sich selbst. In den Industrienationen sterben heute mehr männliche Jugendliche durch Selbstmord als durch Tötungsdelikte (oder Verkehrsunfälle)! Wobei Tötungsdelikte sehr häufig in Gruppierungen *(Gangs)* stattfinden, wenn eine *Gang* **einzelne** Mitglieder einer anderen Gruppierung umbringt.

Kehren wir zum Ausgangspunkt zurück: *Sich über andere zu erheben, um eigene Unsicherheiten zu verbergen (meist auch vor sich selbst) geht häufig mit Pseudo-Heiterkeit einher und kann mit dem sog. harmlosen „Auslachen" von angeblich Schwächeren beginnen.* Deshalb

---

* Sie wissen, daß die Zahl jugendlicher Übergewichtiger von Jahr zu Jahr zunimmt. Aber wußten Sie auch, daß inzwischen immer mehr **Jungen** an Anorexia nervosa (Magersucht) und Bulimie (Essen-Erbrechen; die Krankheit von Prinzessin Diana) leiden?

sollten Sie sehr vorsichtig sein, wenn sich Menschen in Ihrer Nähe regelmäßig durch diese Art zu Lachen abreagieren. Falls Sie das Opfer sind, wird eine Stärkung Ihrer Humor-Fähigkeit Sie „immunisieren". Falls aber Menschen in Ihrer Nähe über Dritte lachen, möchten Sie vielleicht etwas dagegen tun, ehe aus dem Lachen Schlimmeres wird. Ich kann Ihnen das Buch von Daniel GOLEMAN wärmstens empfehlen; es enthält neben einer genauen Beschreibung der Probleme auch gute Hinweise für Gegen-Maßnahmen.

Lachen GEGEN verbündet zwar die Täter, es trennt und distanziert sie jedoch von der Welt!

Diese Trennung bedingt, daß sie sich in Zukunft noch mehr zusammenrotten, und so wird ihre Isolation und ihr Kampf **GEGEN** jene, mit denen sie in wachsendem Maß ihre Angst und Not identifizieren, immer schlimmer. Da sie **ihre Angst nicht bewußt wahrnehmen, wandeln** sie sie in **Wut** um.

Im Seminar finden manche Teilnehmer/innen es depri-mierend, über die negative Art des **Lachens** als Aspekt eines **Kampfes GEGEN** die Welt zu reflektieren. Man möchte das Lachen lieber als *Lachen aus Freude*, als rei-nes *Lustlachen* sehen (darum geht es ja auch im größten Teil dieses Buches). Aber wir sollten die Tendenz, GEGEN etwas oder jemanden zu lachen, **kennen**, damit wir sie auch in uns **erkennen** können, falls uns diese Art zu Lachen einmal „anfallen" sollte. Die Tatsache, daß Lachen nicht nur mit Freude einhergeht, sondern oft ge-mischte Gefühle begleitet, kommentierte auch schon Reneé DESCARTES:

Lachen (ist) eine Äußerung der Freude, **gemischt** mit Verblüffung oder Haß oder manchmal auch **beidem**.

Verlassen wir die Kategorie des **Lachens GEGEN** die Welt und wenden uns wieder dem erfreulichen Lachen MIT der Welt zu!

Kategorie 2: Lachen MIT der Welt

Mit dieser Kategorie meine ich vom puren **Lachen aus Freude** (das auch einen einzel-nen erfassen kann) bis hin zur **Verblüffung**

über eine gute Pointe jede Art von Lachen, die **nicht** als Waffe eingesetzt wird.

Diese Art fröhlichen Gelächters wird zum „sozialen Kitt", der Menschen **verbindet**. Und zwar wird hier nicht ein ausgelachter Teil von den sich verbündenden Lachenden abgeschnitten, sondern **das fröhliche Lachen verbindet alle Beteiligten**. Natürlich kann ein gemeinsames Lachen über ein „Objekt" stattfinden. Dies können von Tyrannen (z.B. dem Leiter einer Schule, über den man Witze macht) über Staats-Beamte bis hin zu Fahrern bestimmter Kfz-Typen alle möglichen Menschengruppen sein. So gesehen enthält der Einwand, es würde immer etwas Häme mitlachen, durchaus ein Körnchen Wahrheit. Trotzdem dürfen wir diese „milde Häme" nicht verwechseln mit der Pseudo-Heiterkeit (Seite 43ff.), bei der letztlich niemand wirklich belustigt ist. Wenn Sie die Psychologie des Lachens berücksichtigen, so gilt: Bei gekünstelter Heiterkeit führt das „böse" Lachen eher zu Verspannungen, als daß es solche abbaut. **Pseudo-Heiterkeit geht meßbar mit Streß-Hormonen einher, während ein fröhliches Lachen Freude-Hormone auslöst.** Desweiteren schmiedet ein gemeinsames Lachen über einen lustigen Aspekt oder über die Pointe eines Witzes **alle** Anwesenden zusammen, weil ja kein anwesendes Opfer ausgegrenzt wird. Zugegeben, das Lachen über die Pointe kann als Ventil dienen und zielt, wie FREUD* und andere aufgezeigt haben, besonders gerne auf Gruppen, die sich erhöhen (Herrschende, Politiker, Beamte). Hier kann ein gemeinsames Lachen über diese Leute Ängste abbauen, die man ihnen gegenüber eigentlich hat.

Diese positive Art des Lachens findet statt, wenn zwei oder mehr Menschen (auch telefonisch) durch irgend etwas zum Lachen gebracht werden.

● **Diese Art von Lachen schafft Nähe.**

● **Diese Art von Lachen stärkt Beziehungen (in Familien, Freundeskreisen, Teams, Firmen und Organisationen).**

● **Diese Art von Lachen vitalisiert und belebt.**

Davon wünsche ich Ihnen so viel wie möglich.

Sie können (spätestens **ab heute**) **garantiert täglich** lachen, wenn Sie bei den Aufgaben und Strategien (ab Seite 10) aktiv mitmachen.

---

* vgl. Literaturverzeichnis, Nr. 18.

Die Ent-Täuschung:
Schluß mit lustig?

Normalerweise mögen wir es nicht, wenn wir enttäuscht werden. Beim Witz aber lachen wir. Auch bei einem AHA! sind wir sehr angenehm überrascht! Arthur KOESTLER hat in mehreren seiner brillanten Bücher darauf hingewiesen, daß Witz im Sinne von Humor und im Sinne von Geist der gleichen Wurzel entspringen, sowie daß der grundlegende Mechanismus bei Humor und beim Forschen oder (Er-)finden der gleiche ist. Er sieht drei Aspekte eines Spektrums: von HAHA (des Lachens) über AHA! (des Begreifens) bis zum AAH (des Erstaunens).

Eine kleine Enttäuschung stellt anscheinend eine angenehme Überraschung dar, während wir eine große nicht mehr witzig finden (weder lustig noch faszinierend). Kleine Enttäuschungen bieten uns einen Nervenkitzel, jedenfalls finden wir sie spannend, faszinierend oder lustig (vgl. die Pointe eines Witzes). Auf große Enttäuschungen hingegen reagieren die meisten sauer. Das finden sie „gar nicht lustig!". Wollen wir dies kurz im Licht eines meiner Denkmodelle betrachten, das diese Spanne sehr gut verdeutlicht. Stellen Sie sich drei Bereiche vor: Links ist die totale Ordnung. Hier ist alles prognostizierbar (voraussagbar und berechenbar), man kann sich auf alles einstellen, man muß weder mit Überraschungen noch mit Ent-Täuschungen rechnen. Es ist so ordentlich, daß es todlangweilig ist. Hier finden wir weder geistige Faszination noch Humor!*

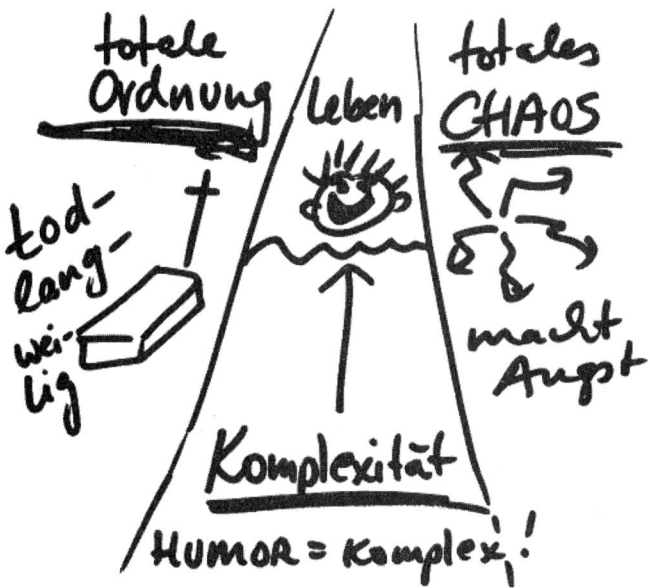

Rechts herrscht das totale Chaos. Hier ist nichts vorhersagbar, hier fällt man ständig von einer großen Überraschung in die nächste Ent-Täuschung. Hier finden wir

---

* Vgl. meinen Video-Vortrag: *Gehirn-gerechte Einführung in die Komplexitäts-Theorie* (unter **www.birkenbihl-insider.de** zu finden).

ebenfalls weder den scharfsinnigen Witz noch den richtig lustigen!

Aber in der Mitte ist es spannend. Hier spielt sich das Leben ab! Hier „wohnt" der Witz jeglicher Art, inkl. des Humors. Denn Humor ist LEBEN, Leben aber spielt sich in der Mitte ab: Nicht zu ordentlich und nicht zu chaotisch! Dort entsteht fröhliches Lachen! Wollen wir dies in ein weiteres Bild umwandeln, damit wir eine „Meßlatte anlegen" können: Stellen Sie sich jetzt bitte eine senkrechte Gerade vor:

Am oberen Ende ist die totale Enttäuschung, am unteren Ende ist alles prognostizierbar. Dieses Ende ist todlangweilig, das andere ist für die meisten Menschen frustrierend! Nun stellt sich die Frage: Wo ziehen Sie die Grenzlinie? Oder: Wo ist für Sie „Schluß mit lustig"? Natürlich hat das viel damit zu tun, wie Sie heute „drauf sind", trotzdem können wir sagen: Je stärker die Humor-Fähigkeit eines Menschen (die zu entwickeln eines der Ziele dieses Buches ist), desto höher kann die Meßlatte hinaufklettern, ehe Sie sauer reagieren „müssen"! Wenn wir aber nicht mit Frust, Ärger, Wut etc. reagieren „müssen", dann können wir völlig anders handeln: Wir können lachen. Wenn uns das Überraschende nicht gefährdet, dann können wir über unseren Schatten springen und die alten Erwartungen loslassen. Dazu sagt Arthur KOESTLER*:

Dieser intellektuelle Sprung täuscht unsere Erwartungen; die Emotionen, die jene Erwartungen geweckt haben, … werden … mit Lachen freigesetzt... (Ein) Mensch, der lacht, ist das Gegenteil (eines) Fanatikers…

Die Argumentation auf der folgenden Seite ist typisch für KOESTLERs Art, Dinge anders zu sehen als andere. KOESTLER stellt klar, daß die Beurteilung (lustig oder nicht?) immer subjektiv bleiben muß (es also auch kein

---

* KOESTLER, Arthur: *Der Mensch – Irrläufer der Evolution. Die Kluft zwischen unserem Denken und Handeln – eine Anatomie menschlicher Vernunft und Unvernunft.*

Patent-Rezept für Humor geben kann) und er fügt folgende faszinierende Gedanken hinzu (Hervorhebungen meine):

> Es gibt **keine** eindeutige voraussehbare Reaktion, die einem Redner sagt, **ob** er es geschafft hat, seine Zuhörer zu überzeugen, doch wenn er einen Witz erzählt, **dient Lachen als experimenteller Beweis**.

Humor ist die einzige Form der Kommunikation, bei der ein Reiz auf einer hohen Stufe der Komplexität eine stereotype, vorhersehbare Reaktion auf der (Stufe der) physiologischen Reflexe auslöst.

Das erlaubt es uns, diese Reaktion **als Indikator für jene schwer faßbare Eigenschaft** zu benutzen, die wir **Humor** nennen – wie wir das Ticken des Geigerzählers benutzen, um Radioaktivität zu erkennen. Ein solches Verfahren ist in keiner anderen Kunstform möglich.

Also ist es relativ egal, ob Sie vorwiegend lustiger oder kreativer werden wollen, in beiden Fällen brauchen Sie (mehr) Witz! Dieser Witz kann in jedem Fall durch Training verbessert werden. Der Schwerpunkt in diesem Buch liegt beim Humor. Da aber beide zusammenhängen, bedeutet Ihr Humor-Training auch Stärkung der Kreativität und umgekehrt.

Jetzt können wir uns einigen faszinierenden Gedanken von Arthur KOESTLER zuwenden, die uns ganz neue Einsichten anbieten können. KOESTLERs These klingt in mehreren seiner Bücher an, dieses Modul stützt sich aber vor allem auf: *Der Mensch - Irrläufer der Evolution?**

KOESTLERs Bisoziation

Beginnen wir mit einem von KOESTLER erfundenen Begriff, der Bisoziation. Wir wissen: Jede Assoziation (jeder Gedanke, jede Idee) steht in Ver-BIND-ung mit einer Sache, an die wir gerade denken, eine Bisoziation ist hingegen etwas, was in keiner Ver-BIND-ung steht. Den-

---

* KOESTLER, Arthur: *Der Mensch – Irrläufer der Evolution. Die Kluft zwischen unserem Denken und Handeln – eine Anatomie menschlicher Vernunft und Unvernunft.*

ken Sie an einen Witz! Jeder gute Witz hat eine Pointe. Diese aber muß überraschend sein. Woher leitet sich die Überraschung ab? Antwort: Aus der Bisoziation. Der Witz ver-BIND-et also, was normalerweise nicht verbunden ist, und darin liegt seine Kraft, uns „lachen zu machen". Beispiel:

Er sitzt wie jeden Morgen hinter seiner großen Zeitung vergraben am Frühstückstisch.

Sie fragt: „Ist etwas mit dir nicht in Ordnung, Schatz?"

Seine Stimme hinter der Zeitung: „Wieso?".

Darauf sie: „Deine Hände sind so blaß."

Gängige Assoziationen sind z.B.: Blässe im Gesicht (Bedeutung: mögliches Unwohlsein). Aber das Gesicht steckt hinter der Zeitung, während das Aussehen der Hände für diese Art von „Diagnose" nicht geeignet ist. Nun schafft die Pointe die unlogische Ver-BIND-ung, die eben nicht unseren Erfahrungen und Erwartungen entspricht, und diese Bisoziation kreiert die Überraschung! Somit steht die Bisoziation immer auf der Seite dessen, was wir als nicht rational, un-logisch, ver-rückt (weggerückt vom Normalen!) kategorisieren und genau dies ist die Domäne des Kreativen! KOESTLER geht von folgender Annahme aus: Die Kreativität des Menschen ist Teil eines einzigen Grundschemas, zu dem sowohl die wissenschaftliche Entdeckung als auch die komische Inspiration gehören.

HAHA	AHA	AH ...
Komischer Vergleich	Verborgene Analogie	Metapher
Karikatur	Diagramm	Stilisierung
Kollision	Synthese	Konfrontation

Die drei Bereiche der Kreativität*

Wenn wir nun diese beiden Ideen verbinden, dann ergibt sich fast von selbst: Erstens „leben" alle drei Arten der Entdeckung von jenen (unlogischen, unerwarteten) Bi-soziationen; es handelt sich ja in allen drei Fällen darum, alte ausgetretene mentale Pfade zu verlassen. Zweitens fällt es uns so schwerer, dies zu tun, wenn wir an vorhandenen Ver-BIND-ungen „vorbei" denken müssen und eben dies verhindert normalerweise die Arbeitsweise des Gehirns, die ja Ver-BIND-ungen sucht!!! Deshalb sind Kinder noch sehr kreativ (je weniger Ver-BIND-ungen um meine Aufmerksamkeit buhlen, desto leichter kann ich spielerisch Fäden im Wissens-Netz verknüpfen, einfach um zu sehen, was dabei „herauskommt" –

---

* Das SCHAUBILD KOESTLERS habe ich zum Zweck der Diskussion dieses Buches stark verkürzt. Das komplette Schaubild finden Sie im MERK-BLATT Nr. 3, S. 199.

und das können Kinder!). Aus demselben Grund sind Erwachsene normalerweise „unkreativer", es sei denn sie lernen es, Bisoziationen zu kreieren! Werfen wir noch einen Blick auf die drei von KOESTLER vorgestellten Bereiche:

1. Das **Haha** wird von der überraschenden Pointe ausgelöst. Dabei können wir förmlich in das Lachen „hineingeworfen" werden; deshalb sprach Konrad LORENZ ja vom Kapituations-Reflex (wenn wir vor dem Lachen kapitulieren müssen, vgl. S. 24).

2. Aber auch beim **Aha!-Erlebnis** (nach Karl BÜHLER) können wir überraschend in eine Erleuchtung „hineingeworfen" werden. Hier könnten wir uns ebenfalls eine Art von Kapitulations-Reflex vorstellen, wenn wir vom Aha! übermannt werden.

3. Zuletzt zeigt uns auch das **Aah...-Erlebnis** (nach KOESTLER) etwas neues, nämlich eine neue VerBIND-ung, die zu einer ganz neuen Ein-SICHT führen kann.

Diese neue Einsicht wiederum kann zu einer permanenten anderen SICHT-weise führen*. Besonders faszinierend fand ich folgende Aussage von KOESTLER:

---

* dieses Phänomen spielt eine Hauptrolle in meinem Taschenbuch *StoryPower*, vor allem, wenn es darum geht, inwieweit Stories unser Leben verändern können!

Der schöpferische Prozeß läßt sich seltsamerweise am besten am Humor und am Witz aufzeigen. Aber das erscheint gleich weniger seltsam, wenn wir uns vor Augen führen, daß „Witz" ein ambivalenter Begriff ist, der sowohl Scharfsinn und Findigkeit als auch Scherz bedeutet.

Hier fügt KOESTLER eine Fußnote ein:

Witz – und das englische *wit* – kommt von witan (verstehen), dessen Wurzeln auf das sanskritische *veda* (Wissen) zurückgehen. Witz bedeutet sowohl Spaß als auch Scharfsinn und leitet sich von Wissen her... Die gleiche Erfahrung vermittelt das Französische: *spirituel* heißt sowohl witzig als auch tiefsinnig; und eine witzige Bemerkung ist ein jeu d'esprit, eine spielerisch-boshafte Form der Erkenntnis.

Bitte beachten Sie den Begriff FIND-igkeit (oben): Um kreativ zu denken, damit wir etwas finden können, müssen wir den alten Ver-BIND-ungen ausweichen bzw. alte Assoziationen, die sich uns bereits aufgedrängt haben, loslassen! Und umgekehrt: Das sture, starre, verkrampfte Festhalten an Vertrautem verhindert die Kreativität auf allen drei Gebieten. Dies gilt gleichermaßen, meint KOESTLER, für jede Art von Entdeckern. Egal, ob sie neue wissenschaftliche Zusammenhänge aufdecken, einem faszinierenden Gedankengang nachgehen oder einen neuen Blickwinkel entdecken:

> Der Hofnarr und der Entdecker leben beide von ihrem Witz. ... die Rätsel des Hofnarren (sind) gleichsam ein bequemer Hintereingang zum Allerheiligsten der schöpferischen Originalität.

Sehr witzig, haha!
Oder:
Stärken Sie Ihre
Humor-Fähigkeit

Es lohnt sich, Humor-Fähigkeit als Stärke zu kultivieren und zu trainieren, und zwar aus zwei Gründen:

1. Es besteht eine faszinierende **Verbindung** zwischen **Humor** und **Kreativität, so daß alle Humor-Übungen mindestens als Kreativitäts-Training hilfreich sind.**

2. Je höher unsere **Fähigkeit** ist, **Streß-Situationen** mit Humor zu begegnen, desto besser können wir sie auch (wahr-)nehmen (nach Wilhelm BUSCH: *Humor ist, wenn man trotzdem lacht!*). Diese Humor-Fähigkeit hilft uns, bei Frust, Unlust oder Ärger **Distanz zu gewinnen**, was ein schnelleres Abklingen der unangenehmen Gefühle ermöglicht.

Mit *Distanz* meine ich übrigens eine Distanz auf **derselben** Ebene, also einen **horizontalen Abstand**, im Gegensatz zu dem, was meine Seminar-Teilnehmer/innen (zunächst) häufig anstreben, nämlich: ein „Drüberstehen".

bitte umblättern

Dieser Abstand nach oben hilft nur, sich über andere zu erheben, was im besten Fall leicht überheblich wirken kann. Schlimmstenfalls führt es zu der Art von Pseudo-Heiterkeit, die das Vorspiel zu aggressiven Handlungen bildet (vgl. *Lachen GEGEN ...*, Seite 42ff.).

Die fünf Stufen Ihrer Humor-Fähigkeit oder:
An Ihrem Lachen soll man Sie erkennen!

Manche Dinge (Situationen) finden wir lustig, in welchem Fall es ja keine Kunst ist, zu lachen. Andere Dinge (oder Situationen) finden wir sooo schlimm, daß wir nicht nur selbst nicht darüber lachen können, sondern auch ausgesprochen „sauer" reagieren, wenn andere lachen.

Wollen wir die fünf Stufen unserer Humor-Fähigkeit kurz unter die Lupe nehmen? Ausgangsposition jeweils ist: Es ist uns etwas Nicht-Lustiges widerfahren…

1. **Es ist uns etwas Nicht-Lustiges widerfahren, und es gelingt uns, etwas Lustiges daran zu erkennen, aber erst lange danach.** Allerdings gilt: *Besser jetzt, als nie!* Paul E. McGHEE, einer der ganz großen Humor-Forscher in den USA, beschreibt in einem seiner Bücher*, wie sein alternder Vater ihn auf einer Reise zu spät gewarnt hatte, daß er eine Toilette brauchte. Bis man eine Tankstelle finden konnte und der Vater ins stille Örtchen verschwand, reichte die Zeit nicht mehr und einiges ging daneben. Nun gab es keine Ersatzhose im Auto, also brachte er seinem Vater eine Bermuda Shorts, die er immer im Kofferraum herumliegen hatte (mit seiner Angel, man weiß ja nie?). Er schildert den verdutzten Blick des Tankwarts: Ein Kunde geht mit einer dunklen langen Hose nach hinten und kommt mit einer bunten Bermuda zurück. Wahrscheinlich hatte er seit Jahrzehnten keine Sonne mehr an seine extrem weißen Beine gelassen. Die Situation war lustig, für alle außer seinen Vater, der erst **viele Jahre später** darüber lachen konnte!

---

* Paul E. McGHEE: *Health, Healing and the Amusement System: Humor as Survival Training.*

2. Es ist uns etwas Nicht-Lustiges widerfahren und es gelingt uns, etwas Lustiges daran zu sehen, und das dauert gar nicht „ewig".

Ein amerikanischer Seminarleiter und Kolumnist, Peter McWILLIAMS*, schildert, wie er und seine Mitarbeiter in ein Hotel kamen, in dem aber auch gar nichts für die kommende Großveranstaltung vorbereitet war. Das Schlimmste: Ein Teil des **notwendigen** Equipments würde definitiv erst nach der Tagung eintreffen. Nachdem sie sich ca. **20 Minuten lang furchtbar aufgeregt hatten**, sagte einer von ihnen wehmütig: „Später werden wir darüber lachen." Darauf sagte Peter McWILLIAMS: **Warum warten? Lachen wir doch gleich!**

3. Es ist uns etwas Nicht-Lustiges widerfahren und es gelingt uns, etwas Lustiges daran zu erkennen, und zwar unmittelbar nachdem es passierte (bzw. unmittelbar nachdem wir gemerkt haben, daß etwas Unangenehmes geschehen war).

Als ich mit einem Mitarbeiter eine Videoaufzeichnung eines Seminars in der Schweiz ansah und merkte, daß ich mir an jenem extrem heißen Tag mit einem

---

* Peter McWILLIAMS u.A.: *You can't afford the luxury of a negative thought.*

zu dünnen T-Shirt keinen Gefallen getan hatte, weil sich mein fetter Bauch unangenehm durch den Stoff abzeichnete, entschloß ich mich, das Video nicht zur Veröffentlichung freizugeben. Dies bedeutete den Verlust der Kosten für die Aufzeichnung, und im ersten Augenblick war ich a) verärgert über mich selbst und b) „stocksauer" wegen des finanziellen Verlustes. Wie wir gerade sahen, kann eine Situation für alle außer dem Betroffenen lustig sein (Bermuda Shorts). Aus diesem Gedankengang leitet sich eine extrem hilfreiche Frage her (die ich mir zehn Sekunden später stellte) nämlich:

Was fände ich an der Situation komisch, wenn ich nicht selbst betroffen wäre?

Nach ca. fünf weiteren Sekunden sah ich das Komische und sagte zu meinem Mitarbeiter: „Jetzt kann ich meinen Bauch als Werbefläche vermieten!", woraufhin wir beide in Gelächter ausbrachen!

4. **Es ist uns etwas Nicht-Lustiges widerfahren und es gelingt uns noch während die Sache passiert, zu lachen.**

Wer schon bei mir in Seminaren war, weiß, daß ich gelernt habe, bei Mikrophon-Problemen u.ä. meistens sehr humorvoll zu reagieren.

Das sind klassische Situationen, die mich vor vie-
len Jahren unsicher
(und demzufolge bö-
se) machen konnten!
Aber heute kann ich
es fast immer mit Hu-
mor nehmen.

Dadurch wird die Warte-
zeit, bis das Problem beho-
ben ist, für alle Beteiligten
so entspannt, daß es den
Teilnehmer/innen nach
dem Seminar nicht in unangenehmer Erinnerung
bleiben wird. Sie erinnern sich entweder positiv oder
gar nicht an die Panne.

5. **Es ist uns etwas Nicht-Lustiges widerfahren und
es gelingt uns sogar zu lachen, wiewohl andere
über uns lachen!** Diese höchste Stufe ist **doppelt**
hilfreich:

Erstens leiden wir selbst nicht, weil wir erst gar nicht
in den negativen Streß „hineinfallen", also ist es für
unsere Gesundheit und unser Wohlbefinden der opti-
male Weg. Man kann ihn nicht immer gehen, aber

(vgl. Werbeslogan): *Nicht immer, aber immer öfter!*
Denn, je öfter es uns gelingt, desto besser.

Zweitens entschärft unser Lachen das Lachen der anderen.

Niemand kann uns auslachen, wenn sein Lachen durch unser eigenes Lachen zu einem MIT-Lachen wurde! Außerdem ist es vielen Menschen peinlich, wenn sie **zunächst** spontan gelacht hatten. Merke:

Durch unser Lachen geben wir ihrem Lachen nachträglich die Qualifikation, MIT uns gelacht zu haben und nicht etwa über uns.

Das ist gut für alle Beteiligten!

bitte umblättern

Die fünf Stufen unserer Humor-Fähigkeit:

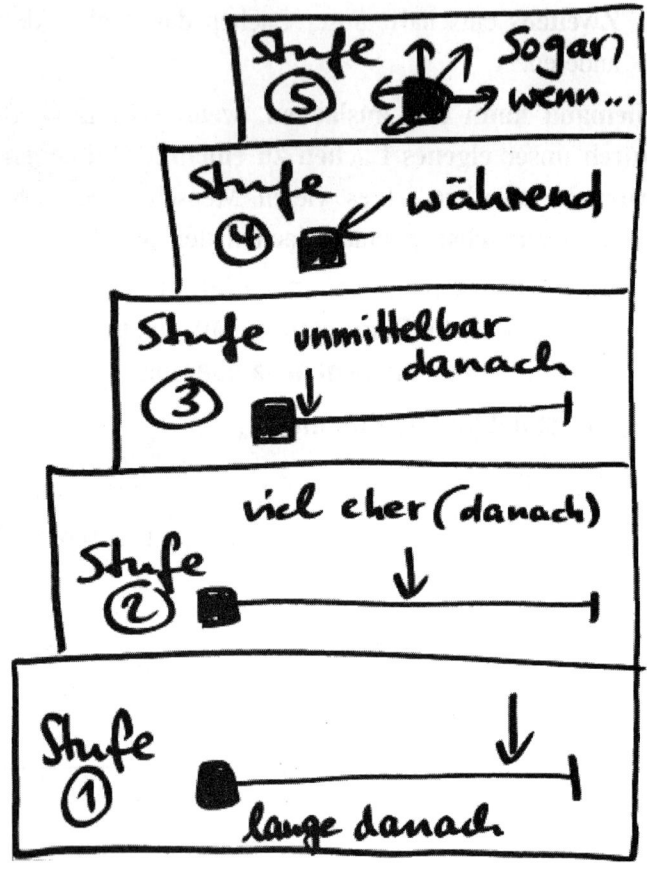

Die Kunst, sich selbst durch den Kakao zu ziehen

Kennen Sie das Mini-Gedicht von Erich KÄSTNER?

> Nie darfst du so tief sinken,
> von dem Kakao, durch den man dich zieht,
> auch noch zu trinken!

Je stärker Ihre Humor-Fähigkeit wird, desto unangreifbarer werden Sie. In Stufe 5 sind Sie sogar in der Lage, sich selbst durch den Kakao zu ziehen. Das hat drei Vorteile:

1. Sie bestimmen das **Thema** selbst.
2. Sie bestimmen den **Zeitpunkt** selbst.
3. Sie **entwaffnen** Ihre „Feinde", weil man diesen Punkt nicht mehr gegen Sie verwenden kann!

bitte umblättern

Denken Sie z.B. an Politiker, insbesondere vor der Wahl. In Amerika heuern solche Leute professionelle Gag-Schreiber an (vgl. *Generieren Sie Ihre Witze doch selber!*, S. 72ff.). Man stelle sich in Deutschland einen Politiker vor, der einem professionellen Witz-Autor seine Schwachstellen mitteilt, damit er (mit Hilfe dieses Redenschreibers) bald darüber öffentlich scherzen kann. So litt Dan QUAYLE z.B. unter dem Spott der Wettbewerber, weil seine **Rechtschreibung** nicht sicher war. Als wieder mal Wahlkampagnen, Reden und öffentliche TV-Diskussionen fällig wurden und er damit rechnen mußte, daß man ihm aus seiner Schwäche einen Strick drehen würde, beriet ihn ein Profi. Man kam überein, daß QUAYLE sich selbst durch den Kakao ziehen sollte, aber möglichst so, daß er den politischen Wettbewerb dabei gleich mitnähme. Man einigte sich auf eine umstrittene Gesetzesvorlage der Gegenseite. Diese las QUAYLE im Fernsehen in einer Talk-Show laut vor und fügte hinzu: „Und diese Leute spotten über meine Rechtschreib-Probleme!" Riesenapplaus! Ergebnis:

1. Er hatte **die Lacher** voll auf seiner Seite.

2. Er hatte die **Aufmerksamkeit** auf einen wunden Punkt der anderen gelenkt und sie dadurch in die Defensive gedrängt.

3. Weitere Angriffe auf seine Rechtschreibprobleme wären sinnlos gewesen: Man kann keinen Punkt mehr gewinnen, wenn der andere bereits öffentlich zu seiner Schwäche gestanden hat.

Sie sehen also, es lohnt sich, die eigene Humor-Fähigkeit zu stärken.

Wenn Sie lernen wollen, auch ohne professionelle Hilfe eine (waagerechte!) Distanz zu ihren Problemen herzustellen, dann arbeiten Sie möglichst oft im Sinne der Trainings-Aufgaben in diesem Buch, insbesondere im folgenden Modul: *Generieren Sie Ihre Witze doch selber!* (S. 72). Hier erwerben Sie **dasselbe Know-How**, mit dem die U.S.-Humor-Profis ihren Klienten helfen…

Wählen Sie die für Sie interessantesten Aufgaben aus, und entwerfen Sie Ihr ganz persönliches Anti-Streß-Programm! So stärken Sie Ihre Humor-Fähigkeit systematisch! Ich wünsche Ihnen viel Spaß dabei…

Generieren Sie
Ihre Witze doch selber!

Bei allen Trainings-Aufgaben in diesem Modul sehen wir sehr klar die Ver-BIND-ung zwischen Kreativität und Humor (vgl. *Die Ent-Täuschung: Schluß mit lustig?*, S. 50).

Sie können alle Übungen als Kreativitäts-Förderung ansehen, insbesondere jene, die (noch) nicht witzig geraten sind!

Im ersten Teil dieses Moduls finden Sie acht Basis-Aufgaben von Gene PERRET*, einem der ganz großen Meister in der Ausbildung des Humor(isten)-Nachwuchses in Amerika. Im zweiten Teil stelle ich Ihnen einige Trainings-Varianten vor, die ich ursprünglich für mich selbst entwickelte, als ich vor vielen Jahren begann, meine eigene Humor-Fähigkeit zu steigern. Wer meine Vorträge seit über drei Jahrzehnten mitverfolgt hat, weiß, daß das

---

* Gene PERRET: *Comedy Writing Step by Step.*

Training mir viel gebracht hat! Auch die positiven Reaktionen der Seminar-Teilnehmer/innen, die selbst mit diesen Übungen trainieren, sind äußerst ermutigend. Beginnen wir mit den basic exercises (= Fingerübungen) von Gene PERRET.

Teil I (nach Gene PERRET): Fingerübungen für Einsteiger

 **Übungs-Typ 1: Was wirkt lustig?**

Um humorvoll/er zu werden, müssen wir ein Gefühl dafür besitzen oder entwickeln, was lustig **wirken** kann. Zwar gibt es keine Garantie (man weiß erst **hinterher**, ob Leute lächeln oder lachen) aber es gibt gewisse **Spielregeln**. Diese können die Wahrscheinlichkeit, daß etwas lustig wirkt, dramatisch erhöhen. Je ausgeprägter Ihr Gefühl für diese Regeln ist/wird, desto leichter können Sie selbst „Humor produzieren".

1. **Schritt:** 50 **gute** Witze sammeln;
2. **Schritt:** Herausfinden, warum diese witzig sind.

Zwar kann es durchaus hilfreich sein, in Büchern über Humor zu schmökern, wenn Sie gerne von der Arbeit anderer profitieren wollen (vgl. Literaturverzeichnis). Aber es kann weit spannender sein, diese Analyse selbst vorzunehmen! Indem Sie sich diese Witze, die Sie gut finden, immer wieder vornehmen und **gemeinsame Nenner** suchen, werden Sie zwangsläufig einige der Mechanismen selber finden (z.B. *Übertreibung*, vgl. Mäuse/Elefantenwitze)!

 **Übungs-Typ 2: Thematische Assoziationen**

Bei dieser Übung lernen wir, zu einem einfachen Thema frei zu assoziieren – eine der Grundvoraussetzungen für das sog. schnelle Denken, das viele kreative Menschen auszeichnet.

1. **Schritt:** Erstellen Sie schnell und spontan eine Liste von 10 Adjektiven (einfache, normale Eigenschafts-Wörter, z.B. *weiß, rund, groß, alt…*);
2. **Schritt:** Für jedes Wort (z.B. *weiß*) erstellen Sie eine eigene Liste von Wörtern/Redewendungen, die den jeweiligen Begriff beschreiben, erklären oder ersetzen könnten. Sie suchen jetzt BILD-liche Vorstellungen zu dem Begriff, z.B. zu *weiß: Leinwand, Lein-*

tuch, Hochzeitskleid, eine leere Seite, Reinheit, Schneemann, Krankenschwester, Blässe, Geist, Bett-/ Tisch-/Unterwäsche, Tischtuch, Laborkittel, Herrenhemd, Bluse, (weiße) Lilien, Wolken, Wolle, Schal, Schaf, Marmor, Badewanne...

Diese Übung schult das **Entdecken von Beziehungen** zwischen Wörtern und Fakten.

 **Übungs-Typ 3: Bildunterschriften I**

Zuerst müssen Sie wieder sammeln, damit Sie anschließend (be-)titeln können. Die Aufgabe lautet: **Erfinden Sie Bildunterschriften.**

1. **Schritt:** Sammeln Sie mindestens 30 **ungewöhnliche Fotos** (z.B. Babies, Tiere). Dies können neben richtigen Fotos natürlich jede Art fotografischer Abbildungen sein (inkl. Werbung). Als Medien kommen außer (alten) Illustrierten heutzutage auch e-Medien infrage (von Bilder-CD-Roms bis internet).

2. **Schritt:** Finden (erfinden!) Sie witzige Bildüber- bzw. Bildunterschriften. Tip: Suchen Sie völlig **neue Bedeutungen**, statt das Abgebildete nur zu kommentieren.

Nehmen wir an, Sie sehen die Abbildung eines Baby-Gesichtes, das um den Mund herum mit Essen verschmiert ist.

© Peter Ehlert

Eine erste spontane Bildunterschrift könnte vielleicht lauten: *Ich hasse Spinat! Das ist das letzte Mal, daß ich es zulasse, daß diese Dame mich füttert!* Sie entspricht der **herkömmlichen** (normalen) Bedeutung dessen, was der Betrachter sieht. Zwar wurde die Kreativitäts-Aufgabe gelöst, aber konventionell (d.h. unkreativ). Weit kreativer ist es, dem Bild eine völlig neue (unerwartete) Bedeutung zu geben, z. B. schlägt PERRET vor: *Das ist das letzte Mal, daß ich diese Rasiercreme benutze.* Hier wurde das Element verfremdet *(Baby wird zum Erwach-senen)*!

Es geht bei diesen „Fingerübungen" darum, gewisse Denk-Weisen zu trainieren, z.B. aus-zubrechen aus alten Denk-Rillen. Ähnlich wie ein Pianist seine Fingerübungen nicht im Kon-zert spielt, sind die Ergebnisse solcher Trai-nings-Aufgaben unwichtig. Wesentlich ist der Prozeß. Hier handelt es sich um TRAINING pur!

 **Übungs-Typ 4: Bildunterschriften II**

Wie eben (Übungs-Typ 3), aber diesmal mit Cartoons (gezeichneten Witzen). Dabei können Sie zwei Variationen der Reihe nach durchspielen:

a) Paraphrasieren der **vorhandenen** Worte,

b) Völlig **andere** Möglichkeiten suchen, wiewohl Sie die vorhandene Lösung des Cartoonisten bereits kennen. Das ist schwieriger als bei Aufgabe 3, weil wir jetzt trainieren, **an bereits vorhandenen** (= offensichtlichen) **Lösungen „vorbei" zu denken**. Finden Sie so viele wie möglich, Sie stärken dadurch auch Ihr Durchhaltevermögen!

 **Übungs-Typ 5: Eigene Cartoons zeichnen!**

Im Folgenden gilt: Strichmännchen oder einfache Rechtecke und Quadrate können als „Handelnde" gelten; es geht **nicht** um Ihre Zeichenfähigkeit, sondern um die **Kunst, eine Idee BILD-lich auszudrücken***.

---

* Vgl. mein *Stroh im Kopf?* Stichwort „KaGA©" und mein *großes Analograffiti©-Buch* (Arbeitstitel); erscheint voraussichtlich 2002 (vgl. **www.birkenbihl-insider.de**).

1. Schritt: Zeichnen Sie mindestens 25 Cartoons, in denen einfache Figuren als „Handelnde" auftreten.

2. Schritt: Schreiben Sie pro Cartoon jede Menge Bildüber- bzw. Bildunterschriften.

 **Übungs-Typ 6: Achtung: Kal-AUA (!)**

Ein Kalauer ist ein Wortspiel, z.B.:

● „Dieses Radio hat aber viele **Knöpfe**", wundert sich die Kundin. „Das stimmt", gibt die Verkäuferin zu, „aber mit einem **Reißverschluß** würde es albern aussehen."

● Kaffee zur Sahne: „Komm zu mir in die Tasse!" Die Sahne zögert. Kaffee: „Ach, Sahne, komm doch zu mir in die Tasse!" Sahne: „Na gut, bevor ich mich schlagen lasse."

● „Hast du Hunger?" – „Wieso, brauchst du welchen?"

● „Herr Ober, die Suppe schmeckt aber **komisch**." – „Warum **lachen** Sie dann nicht?"

Versuchen Sie eigene **Kalauer** zu schreiben (das trainiert Ihr **Wortgefühl**), die von der Doppelbedeutung eines der Worte „leben" (wobei manche Begriffe weit mehr als zwei Bedeutungen haben können). Zwar gilt der Kalauer manchen als „Prolet unter den Witzen", wie ein amerikanischer Fachmann meinte, aber dies sei weniger der Fall, weil Kalauer „dumm" seien, sondern im Gegenteil: Sie eignen sich nicht zum schnellen Lachen. Oft muß man einen Moment nachdenken, ehe „der Groschen fällt", das aber ärgert die Leute und deshalb lehnen sie ab, was sie nicht (schnell genug) begreifen können. Schade!

 **Übungs-Typ 7: Ein Thema durchdenken**

Viele Leute glauben ja immer noch, „lustige Leute" (z.B. Komiker und Kabarettisten) würden nur „Quatsch" machen. Dies stimmt aber nicht, denn oft steht hinter einem kleinen Einzeiler eine Menge Analyse, wenn ein Witz (selbst ein kurzer) auf einer Wahrheit beruht, die jedoch verzerrt wurde.

Die folgende Übung lehrt uns, ein Thema zu **analysieren** (und durchzudenken), um **später** (vielleicht, wenn wir wollen) Witze darüber zu machen.*

---

* Siehe auch PISPERS **konkrete** (= gut recherchierte!!) Zahlen hinter seinen witzigen Bemerkungen: *Das ABC von Humor* (die Buchstaben „N" S. 142 und „X", S. 158)

1. Schritt: Wählen Sie ein THEMA. Dabei kann es sich um ein allgemeines Thema handeln (Familie, Gewichtsprobleme, Verkehr und Staus usw.) oder aber ein derzeit gerade **aktuelles** Thema (vgl. heutige Zeitungsüberschriften).

2. Schritt: Recherchieren Sie und verfassen Sie 20 einfache aber konkrete Aussagen zu diesem Thema. Diese Aussagen sind sachlich und „wahr" (korrekt), z.B. *Die Post erhöhte die Gebühren für das Versenden einer Postkarte.*

3. Schritt: Behandeln Sie jede dieser Aussagen als mögliche Pointe oder als „Bild", für das Sie eine Bildüber- bzw. Bildunterschrift suchen (vgl. S. 75f.), z.B. *Dieses Jahr werde ich meine Weihnachtsbriefe als Kettenbrief* versenden.*

---

* **Kettenbrief:** Briefe mit einem kurzem Gebet, Segensspruch u.a., die ursprünglich anonym versandt und von jedem Empfänger mehrfach abgeschrieben und weitergeschickt wurden; in gewissen Formen strafbar. *(Meyers großes Taschenlexikon)*

 **Übungs-Typ 8: Die „gebogene" Liste**

Dies ist eine exzellente Vor-Übung für die letzte Aufgabe (**Witz-Generierungs-Methode,** am Ende dieses Moduls, ab S. 99).

1. Schritt: Erstellen Sie eine Liste von 50 Wörtern.

2. Schritt: Teilen Sie sie in zwei Gruppen:
   a) 20 Wörter
   b) 30 Wörter.

3. Schritt: Nun versuchen Sie, jeden Begriff der ersten (kürzeren) Liste mit einem Begriff der zweiten zu ver-BIND-en, und zwar mindestens kreativ (mit etwas Glück sogar witzig). Beginnen Sie mit dem ersten Wort und gehen Sie so lange jeden Begriff der zweiten Liste durch, bis sich Ihnen irgendeine Ver-BIND-ung aufdrängt (oder anbietet).

PERRET hierzu:

Dies ist eine schwierige Übung, die Ihnen zeigt, daß das Witzeschreiben … aus zwei Ideen besteht. Es ist die **Kombination** dieser Ideen, durch welche das Bizarre* … entsteht.

---

* Das „Bizarre" bei PERRET entspricht der „Bisoziation" von KOESTLER, s. S. 55ff.

Diese Übung ist sehr wichtig, denn sie lehrt auch die Technik, mit einem Begriff „im Kopf" durch eine Liste zu „gehen" und Zeile für Zeile zu testen, ob es irgendeine (neue) Ver-BIND-ung geben könnte. Dies ist eine Übung für AUF-merksamkeit, Kreativität und Witz.

Teil 2:
Vier weitere Trainings-Übungs-Typen
(für Fortgeschrittene)

Übungs-Typ 9: Witze mit Pointe versehen

Material: Einfache Witze, bei denen die Pointen fehlen.

Vorbereitung: Am einfachsten ist es, potenzielles Übungsmaterial mit anderen auf **Gegenseitigkeit** (oder im **Ringtausch**) zu erstellen.

Verfahren: Witze-Seiten (aus Zeitschriften, Büchern, internet) fotokopieren und **auf der Kopie** die Pointe überkleben oder übermalen (Deckweiß, Filzstift). Dieses Ausgangs-Material kann auch getauscht werden.

Fallbeispiel: Die Operation: „Stell dir vor, bei der Operation letzten Monat hat der Chirurg doch glatt einen Schwamm in meinem Bauch vergessen!" „Hattest Du große Schmerzen?" Was sagt der Typ jetzt? Zum Beispiel: **Das nicht, aber** _____

_____

Werden Sie wirklich erst ein wenig nachdenken, ehe Sie weiterlesen?

Mögliche Lösung: *Das nicht, aber dauernd dieser Durst...* Mal ehrlich: Haben Sie nachgedacht? Oder sind Ihre Augen einfach weitergewandert und schon hatten Sie die mögliche Lösung im Blickfeld?

( ) Nein, ich habe es erst selbst versucht.

( ) Na ja, das nächste Mal werde ich erst nachdenken...

Da ja immer eine gewisse Gefahr besteht, nicht selber zu denken, wenn die Lösung direkt daruntersteht, und weil ich es als Leser immer sehr mühsam finde, wenn im Anhang **nur** die nackten Lösungen zu irgendwelchen Aufgaben aufgelistet werden, gehen wir folgende Wege:

1. Sie finden die **originale Pointe** unmittelbar beim Text, aber in **Geheimschrift**, das hätte also in diesem Fall so ausgesehen: „⊡•⌙ ╱<⊖⫷⟍, •⟦⟑⚹ ⊡•⟊⟑⚹╱⊡ ⊡<⟑⫣⟊⚹ ⊡∟⚹⫷⟍…"*

2. Sie finden die Witze dieser Beispiel-Aufgaben komplett (also inkl. der Original-Pointen) im Anhang, MERKBLATT Nr. 5 (S. 201).

Ich hoffe, daß ich es Ihnen so leicht machen konnte, daß Sie keine Ausrede haben, **nicht** mitzumachen. Die Erfahrung zeigt: Wer einmal damit angefangen hat, spürt bald den **Reiz des „Witze-Bastelns"**. Somit aber erhöht sich die Chance, daß Sie später weitermachen, und dies wiederum ist eine der Maßnahmen, die Ihre Humor-Fähigkeit stärken.

Je besser Sie die Trainings-Aufgaben in diesem Modul meistern, desto eher sind Sie in der Lage, sogar dann eine humorvolle „Pointe" zu erzeugen, wenn Sie ziemlich unter Streß stehen und eigentlich gerade sauer sind.

---

* Wollen Sie die GEHEIMSCHRIFT lernen? Im Anhang (S. 200) finden Sie das komplette Alphabet. Diese Geheimschrift ist nützlich, wenn Sie im Familien- oder Freundeskreis trainieren wollen und es **vorziehen, die Lösung unmittelbar bei den Witzen zu belassen**. Merke: Man kann diese Schrift in ca. 30 Minuten **schreiben** lernen, nur mit dem Lesen hapert es länger (vgl. mein *Stroh im Kopf?*), deshalb ist sie auch dann noch nützlich, wenn Anwesende sie schon **schreiben** können...

Es folgen **neun Fallbeispiele**, die Ihnen **Lust auf mehr** machen sollen. Das Ziel ist es, im Laufe der Zeit in ähnlicher Weise mit **hunderten von Witzen** zu verfahren. Diese zehn Fallbeispiele ermöglichen es Ihnen jedoch, sofort anzufangen, statt warten zu müssen, bis Sie mehr Material zur Hand haben… Merke:

Mit jedem Beispiel könnte man TAGELANG spielen, wenn man wirklich trainieren will.

1. Beispiel: Schlaf…

Die Krankenschwester versucht, einen Patienten aufzuwecken, als die Chefschwester vorbeikommt: „Was machen Sie denn da?" Die Schwester: „⟨⊖⟨   ⊃レꭗꭗ
⟨⟨/   レ/⟦ꭓ⟦⟧⟨//꭯   ○●⊖⟨ᵕ⁕⟨ꭓ/ꭓ/,
⟦ꭓ//   ꭓ⁕   ⟨●꭯   ьꭓ⁕/ꭓꭗꭓ/   ꭗꭓ⟨/ꭓ
ꭗ⊖⟨⟨●ᵕ꭯●⟦⟨ꭓ꭯꭯ꭓ/   ᵚレ   /ꭓ⟨⊃ꭓ/!"

2. Beispiel: Waidmannsheil!

Der alte Jagdherr geht nach beendeter Pirsch ins Wirtshaus und trifft den Dorfdoktor. „Wissen Sie schon, was ich heute erlegt habe?" ruft er. Dieser aber winkt ab: „꭯●/ᵚ   /ꭓ/●レ,   ○●⁕   ꭗ⊖⟨ꬹ/   ⟦ꭓ⟨   ⊃⟨⁕
⟨/   ⟦ꭓ⟨●/⟦꭯レ//. "

3. Beispiel: Beim Hausarzt

„Herr Doktor, muß ich immer noch aufs Rauchen und auf Alkohol verzichten?" – „Aber ja doch! Das habe ich Ihnen doch schon vor vier Wochen gesagt!" „Ja, schon, ich dachte nur, ⊡<ꭓ ○<⁑ꭓ⁄⁑⊖⬩⤳⁄ ⟅⬧⁄⁄ꭓ <⁄⏝○<⁑⊖⬩ꭓ⁄ ⟍⤜✳⁄⁑⊖⬩✳<⁄⁄ꭓ ⁄ꭓ – ⊃⬤⊖⬩⁄⁄!?"

4. Beispiel: Gespräch unter Kollegen

„Sie haben Übergewicht!" – „Stimmt! Für mein Gewicht müßte ich 2 Meter 10 groß sein. Aber ich kann essen, was ich will – <⊖⬩ ○ꭓ✳⊡ꭓ ꭓ<⁄⟍⬤⬤⊖⬩ ⁄<⊖⬩⁄ ⁄✳⁑⇐ꭓ✳!"

5. Beispiel: Wagensuche

Ein Mann tappt in sturzbetrunkenem Zustand nachts über den Parkplatz und tastet die Dächer der Wagen ab. „Was suchen Sie denn da?" fragt ein anderer. „Meinen Wagen." – „Wie soll denn das gehen? Alle Dächer fühlen sich doch gleich an." – „Denkste", brummt der Betrunkene, „⟦ꭓ< ⊃<✳ <⁑⁄ ꭓ<⁄ ⟦ꞈ⬤ꞈ– ꞈ<⊖⬩⁄ ⊡✳⬤ꞈ⟍. "

6. Beispiel: Das P.S.

Der kleine Köbi ist im Ferienlager und schreibt an seine Eltern in Zürich: „Liebe Mami, lieber Papa, das Wetter ist sehr schön, mir geht es gut, macht Euch keine Sorgen. Viele Küsse, Euer Köbi!

P.S. Bitte: ⟨symbols⟩"

7. Beispiel: Mal wieder was Neues?

Die Familie überlegt sich, was man denn so unternehmen könnte. Meint der Sohn: „Ich möchte mal irgendwohin, wo ich lange nicht mehr war." Der Vater: „⟨symbols⟩."

8. Beispiel: Tja, die Franzosen…

Ein Araber, ein Schweizer, und ein Franzose sitzen in einem Café. Als eine Schönheit vorbeistolziert, sagt der Araber: „Bei Allah!" Der Schweizer flüstert leise: „Bei Gott!" Der Franzose ruft laut und fröhlich: „⟨symbols⟩! ⟨symbols⟩ ⟨symbols⟩!"

9. Beispiel: Nachbarn…

Gustav, unsere Nachbarin hat mir erzählt, daß ihr Mann eine Geliebte hat. Hast du auch eine?" – „Wenn ich ganz ehrlich bin, ja!" Darauf sie: „Gott sei Dank! ⟨symbols⟩"

 **Übungs-Typ 10: Parallel-Pointen generieren**

Material: Parallel-Struktur (s. unten).

Verfahren: Möglichst viele Parallelen (Varianten) kreieren.*

Variante 1: Die Herren brechen vom Stammtisch auf...

Diese Herren gehören einer bestimmten Kategorie an, z.B. sind sie Einwohner desselben Landes oder sie haben denselben Beruf. Denken wir an einen Ärzte-Stammtisch. Konkretes Beispiel könnte ein Kardiologe sein, der zum Abschied sagt: „By, paßt auf Euch auf...!" Was sagen die anderen?

1. Der **Augenarzt**: _____

2. Der **Ohrenarzt**: _____

3. Der **Gynäkologe**: _____

4. Der **Tierarzt**: _____

---

* Wenn Sie mitmachen wollen, dann teilen Sie doch einige Ihrer Varianten mit anderen Leser/innen auf der internet-Seite für besondere Menschen: **www.birkenbihl-insider.de** (links oben: WANDZEITUNG).

Mögliche (Auf-) Lösungen:

1. Der **Augenarzt**: „⊃•╱ ⸙<Ӿ⟨╱ ⸙<⊖⟨. "

2. Der **Ohrenarzt**: „⊃•╱ ⟨⸜⚹╳ ᕼꙹ╱Ӿ<╱•╱–
   ⊡Ӿ⚹. " ꙹ⊡Ӿ⚹: „Ϛ•⇔╱ ⊃•Ϛ ○<Ӿ⊡Ӿ⚹
   ○•⸙ ᕼꙹ╱ ӾL⊖⟨ ⟨⸜⚹Ӿ╱╱!"

3. Der **Gynäkologe**: „⊏<⸙ ⊡<Ӿ ╱•╱Ӿ!
   ꙹ⊡Ӿ⚹: „╱⚹ᒥ⇔╱ ӾL⚹Ӿ ⟍⚹•LӾ╱,
   <⊖⟨ ⸙⊖⟨•L ⊏•Ϛ⊡ ○<Ӿ⊡Ӿ⚹ ⊃•Ϛ
   ⚹Ӿ<╱. . . "

4. Der **Tierarzt**: „<⊖⟨ ⊃•⊖⟨ ⊡<Ӿ ⟍Ϛ<Ӿ–
   ╱Ӿ!"

Nächste Trainings-Stufe: Weitere Ärzte...?

Der **Orthopäde**: ⟨•Ϛ⸙ L╱⊡ ⊏Ӿ<╱⊏⚹L⊖⟨!
Der **Dermatologe**: ⟨•L╱ •⊏! u.s.w.

Danach, für den Rest Ihres Lebens: weitere **Berufs-gruppen** (Schriftsteller/innen, Schauspieler/innen…) über andere **Menschengruppen** (Männer, Frauen!) sowie jeder Lebensbereich, der Ihnen einfällt. Sie können sogar Tiere, Pflanzen, Mineralien „sprechen" lassen oder Sie denken sich aus, was jene TUN könnten, oder was andere über sie sagen könnten, etc. etc... Die Möglichkeiten sind wirklich unbegrenzt!

Variante 2: Wieviel ist 2 x 2?

Stellen Sie sich vor, wir würden die Frage: *Wieviel ist 2 x 2?* an einige Angehörige verschiedener Berufe richten und dabei recht interessante Antworten erhalten. Zum Beispiel zückt der **Ingenieur** seinen Taschenrechner, rechnet ein bißchen herum und meint schließlich: 2 x 2 = *3,99999999*. Oder: Der **Buchhalter** schließt zunächst alle Türen und Fenster, schaut sich vorsichtig um und fragt: *Was für eine Antwort wollen Sie denn **heute** hören?*

Jetzt sind Sie dran:

1. Der **Physiker**: _____

2. Der **Mathematiker**: _____

3. Der **Logiker**: _____

4. Der **Psychiater**: _____

Mögliche (Auf-)Lösungen:

1. Der **Physiker**: „⊲∕ ⊡Ӿ⋇ ∕⋇ᔕᔕӾ∕ᕋ⋇⊡−∕∟∕∕ ᗷᕋ∕ ⃗⋆⃗ᐃ⋏“

2. Der **Mathematiker**: „○⊲⋇⊡ ᔕ⊲⊖ᑉ Ӿ⊲∕Ӿ∕ ∕●∕ ⊂●∕∕ ⊲∕ ᔕӾ⊲∕Ӿ ᔕ∕∟⊏Ӿ ᗷӾ⋇−⇔⊲ӾᑉӾ∕ ∟∕⊡ ⊡●∕∕ ⌐⋇Ӿ∟⊡Ӿᔕ∕⋇⋇●ᑉ−(Ӿ∕⊡ ⊃⊲ᕋ Ӿ⊲∕Ӿ⊃ ⊡⊲⊖⌣Ӿ∕ ⊏ᒑ∕⊡ᕋ ⋲●⋲⊲Ӿ⋇ ●∕⌣ᕓ⊃⊃)Ӿ∕: „⊡●ᔕ ⋲⋆ᕋ⊏⌐Ӿ)⊃ ⊲ᔕᕋ ᔕ⊏●⋆!“

3. Der **Logiker**: „⬚⬚⬚⬚ ⬚⬚⬚⬚⬚⬚ 2⌐2 ⬚⬚⬚⬚⬚⬚. "

4. Der **Psychiater**: „⬚⬚⬚⬚ ⬚⬚⬚ ⬚⬚⬚⬚⬚, ⬚⬚⬚⬚ ⬚⬚⬚, ⬚⬚⬚ ⬚⬚ ⬚⬚⬚ ⬚⬚⬚ ⬚⬚⬚⬚⬚⬚⬚, ⬚⬚⬚⬚⬚ ⬚⬚⬚⬚⬚ ⬚⬚ ⬚⬚⬚⬚⬚-⬚⬚⬚. "

Weitere denkbare Varianten…

• Der **Politiker**: „⬚⬚⬚ ⬚⬚⬚⬚⬚⬚⬚ ⬚⬚⬚⬚ ⬚⬚⬚⬚⬚ ⬚⬚⬚⬚⬚…"

• Der **Hacker:** „⬚⬚⬚⬚⬚⬚ ⬚⬚ ⬚⬚⬚ ⬚⬚⬚⬚- ⬚⬚⬚⬚⬚⬚⬚⬚⬚⬚⬚⬚ ⬚⬚⬚ ⬚⬚⬚ ⬚⬚⬚⬚ ⬚⬚⬚ ⬚⬚⬚⬚⬚⬚⬚⬚ ⬚⬚⬚ ⬚⬚⬚ ⬚⬚⬚⬚- ⬚⬚⬚.

• Der **Jurist**: „⬚⬚⬚ ⬚⬚⬚⬚⬚⬚⬚ ⬚⬚⬚⬚ ⬚⬚- ⬚⬚⬚⬚⬚⬚⬚⬚ 4,   ⬚⬚⬚⬚ ⬚⬚⬚ ⬚⬚⬚ ⬚⬚⬚⬚ ⬚⬚⬚⬚⬚, ⬚⬚ ⬚⬚⬚ ⬚⬚⬚ ⬚⬚- ⬚⬚⬚⬚⬚ ⬚⬚⬚⬚⬚ ⬚⬚⬚⬚⬚⬚⬚⬚⬚⬚⬚⬚. "

Variante 3: Worin unterscheiden sich…?

Fallbeispiel: Wodurch unterscheiden sich ein Internist, ein Chirurg, ein Psychiater und ein Pathologe – als Experten?

1. Der **Internist**: _____

2. Der **Chirurg**: _____

3. Der **Psychiater**: _____

4. Der **Pathologe**: _____

Mögliche (Auf-) Lösungen:

1. Der **Internist** ⟨•⟩ •⟨/∟/∽, ∾•// •⊏⟨※ /<⊖⟨/⟩.

2. Der **Chirurg** ⟨•⟩   ∾⟨</⟨   •⟨/∟/∽, ∾•// •⊏⟨※ •⟨⟨⟨⟩.

3. Der **Psychiater** ⟨•⟩ ∾⟨</⟨ •⟨/∟/∽ ∟/⊡ ∾•// /<⊖⟨/⟩, ⟨•⟩ •⊏⟨※ ∿⟩※ •⟨– ⟨⟨⟩ ⋔⟨※⟩/•/⊡/<⟩.

4. Der **Pathologe** ○⟨<⇐ •⟨⟨⟨⟩, ∾•// •⟨– ⟨⟨⟩, ∾⊃⊃⟩/ •⊏⟨※ <⊃⟨※ ⇐∟ ⋔∈•⟩.

Variante 4: Wie reagieren Angehörige verschiedener Nationen, wenn der Ehemann seine Frau in den Armen eines anderen überrascht?

1. **USA:** ⅃⚹ ⱶᘒᑕ𐐛 ⚌◯Ⅰ< ⚌ᘒᑕ𐐛ᶾ ᒪ𐐛🝓 ᵔ𐐛•ᑕᑕ𐐛 ⎓Ⅰ<⎓Ⅰ •⎓.

2. **England:** ⅃⚹ Ⅰ𐐛𐐛ᶾⱶ⚌⚞ᒪᑕ🝓<𐐛𐐛 ᶾ<⚌⚞, 𐐛•⚌⚞⎓Ⅰ⚐ ⅃⚹ 🝓<Ⅰ ⎓Ⅰ<⎓Ⅰ𐐛 𐐛Ⅰ🜚Ⅰ‐ ⚞Ⅰ𐐛 ⚞•𐐛, ᒪ𐐛🝓 𐐛Ⅰ⚞𐐛 ⚞<𐐛•ᒪᶾ. 🝓•𐐛𐐛 𐐛ᒪ⚌ᵔ𐐛 ⅃⚹ •ᒪᵔ 🜚Ⅰ<𐐛Ⅰ ᒪⱶ⚹ ᒪ𐐛🝓 🜚⚌𐐛𐐛: „ᘒⱶ, Ⅰ🜚 <🜚𐐛 🜚⚌⚞ᘒ𐐛 ᵔ🝓ᵔᵔ ᒪⱶ⚹, <⚌⚞ ᑕᒪ⚌ ⚌◯Ⅰ< 𐐛•🝓‐ 🜚Ⅰ𐐛 𐐛ⅠⅠ ᵔ🝓⚹ 🜚<Ⅰ ᑕ•⚌⚞Ⅰ𐐛. "

3. **Deutschland:** 🜚<Ⅰ 🜚•𐐛𐐛: „⚞•𐐛🜚, ⎓<🜚𐐛 🝓ᒪ Ⅰ🜚? Ⅰ🜚 <🜚𐐛 Ⅰ⚹🜚𐐛 •⚌⚞𐐛 ᒪⱶ⚹, 🝓ᒪ ◯ᘒᑕᑕ𐐛Ⅰ🜚𐐛 ᒪᑕ Ⅰᑕᵔ ᵔᘒᑕᑕⅠ𐐛, 🝓ᒪ ⎓<🜚𐐛 🝓ᘒ⚌⚞ 🜚ᘒᒪ🜚𐐛 <ᑕᑕⅠ⚹ 🜚ᘒ ⚐🝓𐐛ᵔ𐐛ᑕ<⚌⚞! "

4. **Frankreich:** 🜚<Ⅰ: „•⚞, ⚐<Ⅰ⚹⚹Ⅰ, Ⅰ𐐛🝓ᑕ<⚌⚞ ⎓<🜚𐐛 🝓ᒪ 🝓•, ᵔᘒᑕᑕ, 🜚⚐<🜚Ⅰ𐐛Ⅰ𐐛 ◯<⚹ ⚌ᒪ 🝓⚹<𐐛𐐛. "

5. **Israel:** 🜚<Ⅰ: „ᑕᘒ<🜚⚌⚞Ⅰ, ◯Ⅰ𐐛𐐛 🝓ᒪ 🝓•🜚 ⎓<🜚𐐛, ᑕ<𐐛 ◯Ⅰᑕ ᑕ<Ⅰᑕ𐐛 <⚌⚞ ⎓Ⅰ𐐛𐐛 🝓•𐐛𐐛 <ᑕ ⎓Ⅰ𐐛𐐛?"

 **Übungs-Typ 11: Einzeiler schreiben**

Einzeiler heißen nur so; gemeint ist *ein Mini-Witz, der entweder aus einem einzigen Satz besteht* (auch wenn er mehrere Druckzeilen benötigt) oder aber aus einem Doppelsatz (z.B. Frage und Antwort). Hier handelt es sich um eine 1:1 **Eindeutschung** des berühmten angelsächsischen *Oneliner*, der im Englischen übrigens weit häufiger aus einer Zeile besteht als bei uns, weil englische Wörter im Schnitt kürzer sind, z.B.:

Talk is cheap until you hire a therapist.*

Deutsche „Einzeiler" benötigen bei vergleichbarer Schrift und Satzspiegel oft zwei oder drei Zeilen). Beispiel:

Ankündigung: Meisterschaften im Beamtendreikampf (also in: *Knicken, Lochen, Abheften*).

Es folgen 13 Aufgaben zum Trainieren. Versuchen Sie, die zweite Hälfte zu ergänzen. Bedenken Sie, daß Sie jetzt **nicht** logisch (rational, „vernünftig") denken wollen, sondern im Gegenteil: **a-logisch (analogisch)** und **kreativ (d.h. „bizarr" oder „bisoziativ")**.

---

* Reden ist billig, bis Sie einen Therapeuten engagieren.

1. Helfen werden Ihnen die Tabletten zwar nicht, aber
   ⁂<Ӿ   ꜟ•ᏃӾ⁄   ⁓Ӿ<⁄Ӿ   ⁄ӾᏃӾ⁄○<⁕⁓Ⳑ⁄−
   ⁄Ӿ⁄!

2. Arzt: „Was denn? Sie können nur 300 Mark für die
   Behandlung bezahlen? �•ⳐᏃ⁕   ⁓•⁄⁄   <⊖ꜟ
   ꜟ⁂ꜟ⊖ꜟ⁂⁄Ӿ⁄⁂   <ꜟ⁕   ⁕⁂⁄⁄⁄⁄Ӿ⁄Ꮭ<ᏆᏃ   ⁕Ӿ−
   ⁄ⳐᏃ⁂⊖ꜟ<Ӿ⁕Ӿ⁄!"

3. „Herr Doktor, ist das eine seltene Krankheit, die ich
   habe?" – „ᏃᏃ⁂ᏃᏃ<⁄⁄,   Ꮭ<Ӿ   ⁓⁕<ӾᏃꜟ⁂⁓Ӿ
   ⁂<⁄Ꮭ   ᏏᏃᏃᏃ   Ꮭ•ᏏᏃ⁄!"

4. Beim Hausarzt: „Na, Herr Eckardt, wo drückt denn
   der Schuh?" „<ᑐ   ⁕Ꮓ⊖⁓Ӿ⁄!"

5. Penisneid: Ꮭ•⁂   ᏏᏆ⁕Ꮟ•⁄⁄⁄Ӿ⁄,   ⁂⊖ꜟ⁕ᏃᑐᏃᏃᏃ−
   Ꮓ<⁄   Ⳑ⁄Ꮭ   ⁓ᏃᏏ<⁄   ⁂Ӿ<⁄   ᗯᏃ   ᏍᏃᏃᏃӾ⁄.

6. Was macht ein Psychologen-Ehepaar mit Zwillingen? Ꮭ•⁂   Ӿ<⁄Ӿ   ⁓<⁄Ꮭ
   Ꮓ•⁄ᎫᏆ⁄   <ᑐ   Ӿ⁄ᏃᏆ⁕<−
   ᑐᏃ⁄⁄,   Ꮭ•⁂   •⁄ᎫᏆ⁕Ӿ   <⁄
   ᎫᏆ⁕   ⁓Ꮓ⁄⁄⁕ᏃᏃᏃᏃ⁕ᏏᏃᏃᏃ.

7. „Guten Tag, Herr Doktor, mein
   Problem ist, daß ich ignoriert wer-
   de." – „ᎫᏆ⁕   ⁄•⊖ꜟ⁂⁄Ӿ,
   Ꮭ<⁄⁄Ӿ!"

8. Patient: „Herr Doktor, ich habe das
   Gefühl, keiner nimmt mich ernst."
   Doktor: „⁂<Ӿ   ⁂⊖ꜟӾ⁂ᗯ⁄⁄."

9. Weshalb tragen Chirurgen beim Operieren einen Mundschutz? [Geheimschrift-Zeichen]

10. „Herr Doktor, ich bin Ihnen unendlich dankbar!" – „[Geheimschrift-Zeichen]"

11. „Das war knapp!" sagte der Chirurg nach der Operation. „Einen Zentimeter weiter [Geheimschrift-Zeichen]!"

12. „Herr Doktor, irgendwie bin ich in letzter Zeit so vergeßlich." – „Wie äußert sich das denn?" – „[Geheimschrift-Zeichen]?"

13. Patientin: „Küssen Sie mich, Herr Doktor". Doktor: „[Geheimschrift-Zeichen]. "

Bei dieser Aufgabe galt es, die **zweite** Hälfte zu ergänzen. Genausogut können Sie den Spieß umdrehen und sich eine Liste „halber" Einzeiler präparieren (lassen), zu denen Sie die erste Hälfte erfinden. Wenn Sie in einem Team arbeiten, in dem jedes Mitglied je eine Liste präpariert (indem es die erste oder zweite Hälfte von fotokopierten Einzeilern abdeckt), dann können alle mit neuen Einzeilern üben, deren Auflösung sie noch nicht kennen. Die originalen Einzeiler (= mögliche Lösungen) könnten im verschlossenen Couvert beigelegt werden, nach dem Motto: *Wir dürfen erst hineinsehen, wenn wir für jeden Einzeiler mindestens eine Ergänzung gefunden (erfunden) haben.*

Wer schon recht geübt ist, kann den letzten Schritt tun und sich komplette Einzeiler ausdenken, indem man beide Hälften schreibt! Nehmen Sie ein Thema Ihrer Wahl und „bearbeiten" Sie es... Dabei lernen Sie eine Menge über den Aufbau von Pointen und die Natur dessen, was (von vielen Menschen) als witzig empfunden wird. Übrigens können Sie die fertigen Einzeiler Freunden zum testen geben, um zu sehen, wie witzig sie geworden sind. Der folgende methodische Ansatz ist zum Generieren von Einzeilern ideal:

 **Übungs-Typ 12: Die klassische Witz-Generierung (eine bewährte Methodik)**

In Amerika ist das **Witze-Machen** eine wichtige **Wachstums-Branche**, denn unzählige Leute brauchen Hilfe von professionellen Witze-Autoren und Humor-Beratern: Vom Stand-Up Komiker über Drehbuchschreiber von Komödien und Sitcoms bis hin zu Politikern. Nun können solche Leute sich einen professionellen Witz-Produzenten/Humor-Berater anheuern, aber bei uns geht das kaum. Selbst, wenn es keine Frage des Geldes wäre, gibt es doch bei uns (noch) kaum Leute, die diese Fähigkeiten besitzen! Aber derzeit kann man eine interessante Entwicklung beobachten:

Langsam beginnt man bei uns zu begreifen, wie wichtig Humor als Fähigkeit ist - sowohl im Sinne der sozialen Kompetenz als auch als Anti-Streß-Strategie (also als Prävention von Streß-Schäden) und im Sinne von Heiterkeit als HEILungs-Prozeß!

Hier lauern übrigens phänomenale Chancen für Leute, die sich das nötige Know-How aneignen. Allerdings bringen sich die US Profis ihr „Handwerk" fast ausschließlich autodidaktisch (in **Eigenregie**) bei*. So lösen sie z.B. **immer wieder** Aufgaben wie die in diesem

Modul und heben die besten Resultate auf, um diese Ergebnisse später zu durchstöbern, wenn sie Anregungen
für konkrete Humor-Aufgaben suchen, die sie heute lösen müssen.

Natürlich ist uns allen klar, daß **nicht alle Versuche witzig** sein werden, aber eine gewisse Anzahl von Lösungen wird lustig. Und **diesen** (kleinen) Prozentsatz kann
nur erreichen (und später steigern), wer **bereit ist, anzufangen, solange noch wenig Witziges dabei herauskommt**. Und wer so viele Aufgaben durchläuft, daß der
kleine Prozentsatz **in Realzahlen** genügend Ergebnisse
liefert, die brauchbar sind!

Sehen Sie die Übungen in erster Linie als **Kreativ-Trai-
ning** und erst in zweiter als Humor-Aufgaben. Ähnlich
wie ein Rechtsanwalt eine **andere Art zu denken** lernen
muß als ein Regisseur, müssen Menschen, die lernen
wollen, mit (mehr) Humor zu reagieren, eine Humor-
Denke entwickeln. Und einen neuen Denk-Stil zu entwickeln, das dauert eben eine gewisse Zeit. Sie kennen
vielleicht mein Motto: *Erfolg ist ein Prozeß!* Alle bisher
vorgestellten Aufgaben und Trainings-Arten haben Sie
für die folgende Technik vorbereitet. Wir finden die fol-

---

* Es gibt allerdings auch College-Kurse - bei uns wäre das undenkbar,
denn es gibt momentan weder eine Fakultät „Humor", noch einen Pro-
fessoren-Stuhl dafür!

gende Methode mit kleinen Abweichungen in so gut wie allen angelsächsischen Büchern für Witz- und Gagschreiber (vgl. Literaturverzeichnis). Sie funktioniert wie folgt:

1. Man erstellt zwei (oder mehr) Parallel-Listen:*

bitte umblättern

---

* Siehe z.B. S. 104

2. Nun sucht man nach Ver-BIND-ungen:

Anfangs hilft es, die Listen durchzunumerieren und mit einem Zufalls-Generator (z.B. durch Würfeln) künstliche Ver-BIND-ungen zu schaffen. Dann reflektieren Sie, wie viel Ihnen dazu einfällt.

Später können Sie die Profi-Variante ausprobieren, die einer **Standard-Kreativitäts-Übung** entspricht: Man wählt **einen** Begriff aus einer der Listen und sucht nun der Reihe nach sämtliche anderen Listen Zeile für Zeile ab, wobei man jeweils darüber nachdenkt, ob sich eine interessante Ver-BIND-ung ergibt (vgl. *Übungs-Typ 8*, S. 82ff.).

Anfangs muß man im **Schneckentempo** arbeiten, erst mit der Zeit und mit **viel Übung** wird dieser Prozeß sehr schnell ablaufen.

Übrigens können Sie z.B. eine Reihe von **Fotokopien** von Ihren Listen erstellen und bei **jeder** Trainings-Sitzung mit einem **frischen** Blatt beginnen. Zeichnen Sie einfach farbige Pfeile ein, um Ver-BIND-ungen aufzuzeigen, und sammeln Sie die Ergebnisse. Wenn Sie später vergleichen, werden Sie erstaunt sein, wieviele völlig andere Ver-BIND-ungen Ihnen an unterschiedlichen Tagen ein- oder aufgefallen sind…

Diese Aufgabe stellt übrigens nicht nur ein **Parallel-Training** für **Humor** und **Kreativität** dar, sondern eine **Dreifach-Aufgabe**, denn es handelt sich gleichzeitig um eine spannende **Konzentrations-Übung**.

Denken Sie mit: Sie „halten" der Reihe nach jede der Möglichkeiten aus Liste 1 (ganz links) „im Kopf" und beginnen die Liste 2 zu lesen, indem Sie **jeden** Eintrag mit der Idee „im Kopf" **probehalber** ver-**BIND**-en und eine Weile ab**warten**, **ob** diese Ver-BIND-ung „funktionieren" kann.

Dabei werden so manche faszinierende Ein-SICHT-en entstehen (Kreativ-Aspekt) von denen ein Teil AUCH lustig ist (Humor-Aspekt).

Ich rate Ihnen, diese Übung anfangs mit **kurzen** Listen und in absoluter Zeitlupe auszuführen. Erst, wenn Ihr Gehirn für diese Art des schrittweisen Vergleichs neue Nervenbahnen entwickelt hat, wird das Tempo automatisch schneller. Dann sind erst „dramatische" Resultate zu erwarten.

So ähnlich arbeiten natürlich auch **Kabarettisten**. Ich könnte mir auch vorstellen, daß folgender Gedanke von Mathias RICHLING so entstanden sein könnte (Hintergrund: bei einer Wahl hatte die SPD stark zugelegt). RICHLING:

Sind Ihre Häuser gut abgeschlossen? Es ist ja sooo gefährlich, zur Zeit. Haben Sie es schon gehört? Die CDU bricht ja zur Zeit überall ein…

Nehmen wir einfach einmal an, er hätte mit solchen Listen gearbeitet. Dann könnte die Gedanken-Ver-BIND-ung vielleicht so ähnlich ausgesehen haben:

Liste 1	Liste 2	
Einbruch	**Haus**	**Einbruch - Haus**
sonstiges	Blumen	**Einbruch - Politik**
sonstiges	Auto	
sonstiges	Computer	
	Politik	
	…	

Wenn wir also der Reihe nach mögliche Ver-BIND-ungen „abklopfen", dann müssen wir den Anfänger-Fehler vermeiden und **GAAAAAANZ LAAAAANGSAM** vorgehen. Nur so wird gewährleistet, daß unser Wissens-Netz pro Ver-BIND-ung **lange genug aktiviert** wird, damit uns kreative und/oder witzige Möglichkeiten quasi „ins Gesicht springen" können!

Diese **Verbindungen** fallen übrigens im Wesentlichen in drei Kategorien:

1. **Kategorie: Gegenteil/Gegenpol**
   Analysieren Sie Einzeiler und Sie werden schnell einige finden, die genau deshalb funktionieren, z.B.: *Guten Tag, Herr Doktor, mein Problem ist, daß ich ignoriert werde.* Nun nimmt man an, Ärzte würden sich um das Problem der Patienten kümmern, wenn schon nicht immer liebevoll, so doch zumindest mit einer Einstellung, die man vielleicht als fürsorglich bezeichnen könnte. Genau das Gegenteil folgt nun: *Der Nächste, bitte!*

2. **Kategorie: Übertreibung oder Untertreibung**
   Hierzu gehören z.B. alle Maus- und Elefantenwitze.

3. **Kategorie: Völlig absurd**
   Diese Art von Witzen ist erst einige Jahrzehnte alt und war in den 60er Jahren große Mode. Beispiel:

Ein Gast steigt in einen Wiener Fiaker, als das Pferd sich plötzlich zu ihm umdreht und sagt: „Ich war früher ein Rennpferd und bin über 100 Mal erster geworden!" Der Gast, völlig entsetzt, zum Kutscher: „Haben Sie das gehört, Mann?!" Dieser: „Er lügt wieder! Er ist nur viermal Erster gewesen!"

Natürlich gilt, was immer gilt, wenn man **klare Grenzlinien** ziehen möchte: Es kommt zu **Überschneidungen**. Das folgende Beispiel verbindet die 1. Kategorie *(Gegenteil)* mit der 3. Kategorie *(völlig absurd)*:

In ein italienisches Eiscafé kommt ein Gast und trinkt einen Espresso, woraufhin er die Espressotasse genüßlich ißt. Übrig bleibt nur der Henkel, den er auf die Untertasse legt. Er ruft den Ober, dieser berechnet ihm einen Espresso und eine Espressotasse. Der Gast zahlt und geht. Der Herr am Nebentisch kommt aus dem Staunen nicht heraus. Er sagt zum Ober: „Also ich bewundere Ihre Flexibilität!" Darauf der Ober: „Wie meinen der Herr?" Der Gast: „Ich bewundere, daß Sie so flexibel waren, den Vorfall wie eine Routine zu behandeln. Man merkte Ihnen überhaupt nichts an. Kompliment."
Der Ober strahlt: „Ja, wo doch der Henkel das Beste ist!"

Am besten Sie beginnen gleich heute noch mit Ihren ersten praktischen Übungen. Merke: Witze „machen" ist wie Fahrradfahren; man lernt es nur, **wenn man es tut**!

Das ABC von Humor & Witz

Dieses Modul stellt Ihnen ein Wissens-ABC vor*. Es zeigt Ihnen, wie man wichtige Gedanken zu einem Thema (z.B. für einen Vortrag) in ein Wissens-Alphabet „packen" kann. Dieses ABC war sehr hilfreich bei der Vorbereitung meines Humor-Video-Vortrages (zum Thema dieses Buches).** Im folgenden werden Sie daher einige wichtige Einsichten finden, erstens zu Humor und zweitens zu Witz in beiden Bedeutungen (Witz als intelligenter Geistesblitz im Sinne des französischen *esprit* und im Sinne von *lustig*).

Einige der Schlüsselworte verweisen auf eine andere Textseite im Buch (z.B. Kalauer). Sie können als „Sprung-Hinweis" gesehen werden, damit dieselbe Idee nur einmal im Buch auftaucht. Wenn Sie die Textstelle bereits kennen, dann betrachten Sie diesen Sprunghinweis des Schlüsselwortes als kleine Gedächtnisstütze. Die meisten Begriffe bieten jedoch neue, weitere Gedanken, welche das bisher Gesagte ergänzen und abrunden. Dabei können Sie dieses Modul vorab, zwischendrin oder hinterher lesen…

---

* Vgl. *Stroh im Kopf?* (ab 36. Auflage, am Ende des Moduls: *T-Inneres Archiv©* ab S. 132ff.).
** *HUMOR-Video-Vortrag (Über die Rolle von Humor in unserem Leben)* vgl. **www.birkenbihl-insider.de**.

A wie Antwort

Die folgende Story (aus dem internet*) „hängt" an der Antwort am Ende. Versuchen Sie doch einmal, aktiv mitzuraten, während Sie lesen...?

Einst hütete ein Schäfer in einer einsamen Gegend seine Schafe, als ein junger Mann in einem Luxus-Jeep auftauchte und ihn fragte: „Wenn ich Ihnen exakt sagen kann, wieviele Schafe Sie haben, bekomme ich dann eins?" Der Schäfer stimmte zu. Nun verbindet der junge Mann sein Notebook mit seinem Handy, geht im Internet auf die NASA-Seiten, scannt die Gegend mithilfe seines GPS Satelliten-Navigations-Systems, öffnet eine Datenbank und einige Excel-Tabellen und arbeitet wie wild, während der Schäfer gemütlich einen Imbiß zu sich nimmt und sich ein Pfeifchen anzündet. Schließlich druckt der junge Mann auf dem in seinem Laptop integrierten Hi-Tech-Mini-Drucker einen Bericht aus und verkündet dem Schäfer: „Sie haben exakt 1586 Schafe!"

---

* Ein Leser meines monatlichen Coaching-Briefes, Martin **Eickelschulte,** faxte mir die folgende Story aus dem internet. Vielen Dank. Allerdings habe ich die Geschichte umgeschrieben (auch das ist eine gute Übung: Wie kann man einen Witz verbessern?).

Dieser nickt: „Richtig. Suchen Sie sich ein Schaf aus." Der junge Mann grabscht sich ein Tier und lädt es in den Jeep, als der Schäfer fragt: „Angenommen ich errate Ihren Beruf, bekomme ich dann mein Tier zurück?" Der junge Mann ist einverstanden.

Der Schäfer: „Sind Sie Unternehmensberater?" Der junge Mann muß zugeben, daß es stimmt. Er holt das Tier aus dem Wagen und läßt es laufen. „Aber woher wußten Sie das?", will er jetzt natürlich wissen.

Ehe ich Ihnen die Antwort verrate, wollen Sie vielleicht kurz nachdenken, **was könnte** den jungen Mann **verraten** haben?

Der Schäfer: „Sehr einfach.

Erstens kommen Sie mit Ihrer Hi-Tech-Ausrüstung daher und denken, ich verstünde von alledem so gut wie nichts.

Zweitens suchen Sie eine Plattform, um Ihre großartigen Kenntnisse zu präsentieren.

Drittens möchten Sie dafür auch noch ein Honorar haben.

Viertens erzählen Sie mir nur, was ich sowieso schon weiß und

Fünftens haben Sie keine Ahnung von **meiner** Arbeit."

Der junge Mann war es nicht gewöhnt, daß andere **ihn** einschätzten (er kannte nur das Gegenteil). Er versuchte, schwach zu protestieren: „Wie kommen Sie darauf, daß ich von Ihrer Arbeit nichts verstehen soll?"

Antwort: „Das Schaf, das Sie sich ausgesucht hatten, war mein Hund."

B wie biologisches Lachen

Hier unterscheiden die Forscher **Lächeln** und **Lachen**. Das Lächeln ist ein angeborener Reflex, den auch blinde Babies entwickeln. Zunächst scheint es einfachste Wohlfühl-Gefühle zu begleiten (wenn des Baby sich sattgetrunken hat, ehe es einschläft), bald schon werden Menschen mit einem Lächeln bedacht und nun verbündet sich Genetik mit Umwelt: Wird das Lächeln erwidert und mit positiven Äußerungen der Umwelt begleitet, dann kann es sich entwickeln…

Während Menschen durchaus lächeln können, ohne sich dessen bewußt zu sein (vielleicht zaubern gerade unbewußte Gedankengänge ein Lächeln auf die Lippen), ist **Lachen situationsbedingt.**

Dabei werden wir in der Regel vom Impuls zu Lachen **überrascht**, z.B. bei der Pointe eines Witzes (vgl. E wie Erwartungshorizont). Dies veranlaßte Konrad LORENZ, den großartigen Begriff des KAPITULATIONS-REFLEXES zu prägen. Er beschreibt den Prozeß, wenn wir uns dem Lachen „übergeben" oder „ausliefern" (vgl. Modul *Wenn es uns lacht… oder: Wie lachen Menschen?*, Seite 23ff.). Aber wir wissen immer, worüber wir lachen. (Dasselbe gilt übrigens für das Weinen.)*

C wie Chairos

Wie kennen im Deutschen ja nur einen Zeit-Begriff, aber die Griechen hatten zwei, und dieser zweite ist in unserem Zusammenhang sehr wichtig für uns. Beginnen wir mit dem ersten: CHRONOS (vgl. chronologisch, der Reihe nach, Schritt für Schritt, hintereinander).

---

* In beiden Fällen klammern wir Anomalien (Hirntumore, Störungen des Matabiolismus) aus; diese können zu unerklärlichen Lach- oder Weinanfällen führen.

Hier handelt es sich um ein **lineares Zeit-Konzept**, welches fast alles abdeckt, was wir im Alltag meinen, wenn wir über Zeit nachdenken, sprechen und/oder schreiben: Es ist CHRONOS, von dem wir „nie genug" haben, es ist CHRONOS, den andere uns angeblich stehlen, was allerdings nur mit unserer aktiven Hilfe möglich ist! (Ich kann Ihnen ohne Ihre Hilfe Ihr Auto stehlen, aber nie Ihre Zeit!) Und wir meinen natürlich wieder diese CHRONOS-Zeit, wenn wir sagen: Zeit = Geld! Diese lineare Zeit-Idee steht jedoch im krassen Widerspruch zu einer anderen griechischen Zeit-Kategorie, die einen ganz konkreten Zeit-**PUNKT** beschreibt: CHAIROS.

Genaugenommen meint CHAIROS jeden Zeit-PUNKT, z.B. historisch wichtige Momente im „Strom der Zeit", aber in unserem Zusammenhang geht es mir um eine bestimmte Variante von CHAIROS, nämlich dem Hier und Jetzt. Bitte überlegen Sie:

Wir befinden uns selten wirklich hier und noch seltener ganz im Jetzt.

Gedanklich verarbeiten wir beim Mittagessen noch, was vorher im Meeting passiert war oder wir überlegen, wie wir den schwierigen Kunden am Nachmittag „angehen" sollen. Eine berufstätige Mutter jongliert zwischen berufsbedingten Gedanken und bangen Fragen, ob zuhause wohl alles ok ist, hin und her. Eine Führungskraft bangt genauso, wie wohl die Quartalzahlen aussehen werden, während er mit den Werbeleuten die nächste Kampagne durchgeht, usw., usw.

Aber es gibt einen Moment, in dem wir zwangsläufig völlig „da" sein müssen, einen Augenblick, in dem wir vollkommen ins Hier und Jetzt katapultiert werden. Das ist der Sekundenbruchteil, in dem wir völlig verblüfft die Pointe eines Witzes goutieren, wenn wir „kapieren"!

FREUD* stellte fest: Ein Teil des Vergnügens bestehe doch darin, daß wir uns **über unsere eigenen Cleverness und Intelligenz freuen**. Denn:

Schließlich stellt das „Kapieren" eines Witzes immer auch eine geistige Leistung dar, die wir als Zuhörer (oder Leser) eines Witzes „bringen" müssen.

Während wir die Story (die der Witz erzählt) selbst noch halb geistesabwesend registrieren können, gilt dies für den Augenblick der Pointe nicht; hier schaltet plötzlich das ganze Gehirn um, um eine Metapher zu kreieren. Oft gleichen unsere geistigen Prozesse einem unruhigen Symphonie-Orchester, in dem verschiedene Grüppchen unterschiedliche Aufgaben erfüllen.

Aber die Gehirn-Forschung hat gezeigt:

In den (wenigen) Augenblicken, in denen wir völlig im Hier und Jetzt sind, sind all diese Teile von uns in Resonanz mit sich selbst; man spricht daher auch von Eigen-Resonanz.

Denken Sie an **Licht**. Sie wissen, daß normale Lampen ihr Licht diffundieren (streuen) während **Laserstrahlen**

---

* Sigmund FREUD: *Der Witz und seine Beziehung zum Unterbewußten,* 1905.

in Eigenresonanz sind. Daraus zieht der Laser seine unglaublicher Kraft. Aber auch wir Menschen können unsere Energien bündeln, können mit uns selbst „phasengleich" werden. Wir ähneln dann einem Wesen aus **Bosonen*** (ver-BIND-ende Elementar-Teilchen) im Gegensatz zu unserem Normalzustand, der oft bis zur inneren Trennung und Zerrissenheit geht...

Also sehen wir, welch wichtige Rolle sogar einfache und „alberne" Witze haben können, denn jede Pointe bedeutet etwas CHAIROS für uns. Eine kleine Zeit-Oase, in der wir völlig „bei uns" sind, in Ewigen-Resonanz!

Das sind Momente, in denen wir **FLOW** (nach dem Psychologen CZICKSZENTMIHALYI)** erleben dürfen, in denen alles fließt.

In solchen Augenblicken gilt: Wir fühlen uns lebendig, vital und heil. Und jede begriffene Pointe (wie auch jedes herzliche Lachen) sind solche kostbaren und köstlichen Augenblicke, die das Leben lebenswert machen.

---

* vgl. meinen Video-Vortrag: *Gehirn-gerechte Einführung in die Quanten-Physik* (s. **www.birkenbihl-insider.de**).
** vgl. mein Taschenbuch *Stroh im Kopf?* (ab der 36. Auflage).

Eben deshalb wundert es nicht, daß
selbst „schnöde" Witze eine durchaus heilende Funktion haben können (vgl. Norman COUSINS, der
sich vom Rand des Grabes in die
Gesundheit gelacht hat, S. 30ff.).

D wie Dienstleistung

Es mag im ersten Augenblick eigenartig anmuten, diesen Begriff hier im Humor-Wissens-Alphabet vorzufin-
den, aber er gehört sogar dreimal in diese Liste:

1. Wie Matt WEINSTEIN in seinem hervorragenden
   Buch* aufzeigt, ist die Trennung von Arbeit und
   Spaß völlig falsch. Arbeit ohne fun wird Streß, die
   Leute machen Fehler, werden krank usw. Arbeit mit
   Freude hingegen entwickelt sich vor allem in Firmen,
   in denen Humor eine hohe Prioriät hat (vgl. „P",
   S. 149). Insbesondere gilt dies für Dienstleister. Ich
   erlebte einmal eine Optikerin, die ihre neue Verkäuferin erbost (mit erhobener Stimme) rügte: „Wie oft
   muß ich Ihnen noch sagen: Sie müssen freundlich
   sein zu den Kunden?!?!?" Das motiviert!

---

* Matt WEINSTEIN: *Management by fun. Die ungewöhnliche Form mehr
Motivation, Kreativität und Engagement zu erzeugen.*

Da die Wissenschaft vom Lachen erst in den Siebziger Jahren des letzten Jahrhunderts „geboren" wurde, befinden wir uns hier in einer Aufbruch-Zeit, die uns einige erste Ansätze ahnen läßt.

2. Zunächst wurden **Humor-Berater in Krankenhäusern** eingesetzt (vgl. Modul *Wenn es uns lacht... Oder: Wie lachen Menschen?*, S. 33ff.), wiewohl diese Entwicklung noch extrem schleppend voran geht. Die Krankenkassen haben immer noch nicht begriffen, daß Präventiv-Maßnahmen weit weniger Geld kosten. Denn, wie ich meinen AOK-Beratern anfang der achtziger Jahre bereits sagte: Zuerst müssen Sie sich als Gesundheitskasse sehen, ehe sich etwas ändern kann!

3. Politik und Wirtschaft scheinen schneller gelernt zu haben. Hier sehen wir derzeit die Geburt einer neuen Bewegung: **Humor-Produzenten für Führungskräfte** und **Politiker**, die mit Hilfe dieser Experten zum einen lernen, mit ihren Schwächen in der Öffentlichkeit anders umzugehen (vgl. Modul *Sehr witzig, haha! Oder: Stärken Sie Ihre Humor-Fähigkeit*, hier S. 70f.) Zum anderen sitzen in den Teams der Redenschreiber inzwischen Gag-Schreiber, also Leute, die professionell Humor für andere „produzieren". Übrigens wurden die ersten acht Aufgaben im Trainings-Modul *Generieren Sie Ihre Witze doch selber!* (S. 73ff.) in dieser Humor-Writing-Tradition entwickelt.

E wie Erwartungshorizont

Jeder Witz baut im ersten Teil vor der Pointe eine bestimmte Erwartung auf. Würde diese erfüllt, dann entstünde kein Witz. Wird sie enttäuscht, dann werden wir überrascht! Diese Überraschung zwingt uns, im Nachhinein umzudeuten, was wir ursprünglich glaubten, verstanden zu haben. So wie der Rand eines schwarzen Loches (der sog. **Ereignis-Horizont**) überschritten wird, wird man unweigerlich hineingezogen. So ähnlich ist es hier: Der Witz baut quasi einen Ereignis-Horizont auf, von dem aus es nur noch in einer Richtung „hinein" gehen düfte.

Nun gehen manche Physiker davon aus, daß der Trip ins schwarze Loch möglicherweise eine Reise HINDURCH darstellt, so daß man „am anderen Ende" in einer fernen Galaxie „herauskommen" würde. (Es bestehen ernste Forschunsgprojekte in dieser Richtung.) Aber selbst, wenn wir dieses Bild **nur als Metapher** ansehen, ist es extrem hilfreich:

Der Witz treibt uns über den Ereignishorizont hinüber in das schwarze Loch hinein, aber die **Pointe** läßt uns plötzlich und **unvermittelt an einem ganz anderen Punkt unseres Bewußtseins wieder „auftauchen"**. Beispiel: *Warum sind Blondinenwitze immer so kurz? Antwort: Damit auch Männer sie verstehen können.*

Hier ist das „schwarze Loch" die angebliche Dummheit der Blondinen. Man wird in keinster Weise darauf vorbereitet, daß es um die angebliche Dummheit von Männern gehen könnte! Also „landet" man am Ende an einem überraschenden Punkt, mit dem man nicht gerechnet hatte!

Dieses Ankommen an einer unerwarteten Stelle fordert allerdings unsere **Bereitschaft**, uns darauf einzulassen. Fehlt diese Bereitschaft, dann kann die Reaktion nicht belustigt, sondern „sauer" sein. („Was bilden Sie sich ein?!", „Das ist doch nicht witzig!!!", „Finden Sie das etwa witzig?!!" u.ä.)

Wenn wir wissen, daß jemand einen Witz erzählen **wird**, dann lassen wir uns bewußt auf diese faszinierende Reise mit Überraschungs-Ziel ein. Dies ähnelt ein wenig dem Besteigen eines Waggons für eine Geister- oder Achterbahn-Fahrt: Man weiß, daß Überraschungen „drohen" und nimmt diese in Kauf.

Allerdings ist der Überraschungs-Effekt das wesentliche „Gewürz" , deshalb können die meisten Menschen über einen Witz nur einmal lachen. (Vgl. *Y wie YO-YO-Effekt*, S. 161)

F wie Frustrations-Toleranz

In dem Modul *Sehr witzig, haha! Oder: Stärken Sie Ihre Humor-Fähigkeit* habe ich Ihnen das 5-Stufen-Modell gezeigt, und erläutert, wie Sie Ihre Humor-Fähigkeit stärken könen. Dabei ging es um die zentrale Frage:

Wenn Sie etwas wahrnehmen (oder ein Gedanke in Ihrem Kopf „auftaucht"), wie werden Sie durch diese Wahnehmnung oder Idee angemutet?

Stellen wir uns ein Spektrum vor: Am oberen Ende finden Sie alles „wahnsinnig" komisch und möchten sich ausschütten vor Lachen, bei unter 50% finden Sie es überhaupt nicht witzig und bei unter 30% werden Sie regelrecht böse! (Mit dieser Skala können wir z.B. Witze beurteilen (vgl. *Intro: Hier geht es los!*, S. 10)

Aber auch im normalen Leben kann so eine gedankliche Skala immens hilfreich sein. Stellen Sie sich vor, jemand tut etwas, das Sie frustriert. Wie HOCH ist Ihre Frustrations-Toleranz-Schwelle? Dies bedeutet nun, auf die Skala bezogen: Wie hoch kann der (gedachte) Zeiger nach oben wandern, ehe Sie heiter, gelassen oder sogar mit Humor reagieren können? Merke: Wenn Sie eine Sache von Anfang an lustig finden, ist es ja keine Kunst, mit Heiterkeit zu reagieren. Die Kunst ist ja, *wenn man trotzdem lacht!* Wenn Sie die aktiven Trainings-Möglichkeiten dieses Buches aufgreifen, werden Sie Ihre Frustrations-Toleranz garantiert erhöhen können. Ich selbst bin früher bereits bei 30% regelmäßig „explodiert" (und da ich in einer Welt voller „Explodierer" aufgewachsen war, habe ich erst als Erwachsener gelernt, daß diese Art von den meisten Menschen als akut unangenehm empfunden wird).

Wenn ich damals gewußt hätte, was ich in den letzten 3 Seminar-Jahrzehnten (teilweise mühsam) entwickelt haben, dann wäre es weit schneller gegangen!

Heute rege ich mich immer noch zu oft auf, aber es ist eine phänomale Verbesserung im Vergleich zu früher, wie Menschen, die mich lange kennen, sofort bestätigen.

Inzwischen weiß ich mit Sicherheit, daß die Steigerung der eigenen Humor-Fähigkeit so vieles leichter macht; eben dies ist einer der Gründe, die zu diesem Buch (und dem Video-Vortrag „Humor" an der TU in München) geführt haben! (Siehe auch **www.birkenbihl-insider.de**)

G wie geistige Entwicklung

Der schon erwähnte Matt WEINSTEIN* zitiert **drei Textstellen** aus den „großen" heiligen Büchern, nämlich der **Bibel** und dem **Talmud** sowie den Überlieferungen des **Buddhismus**. Alle drei befassen sich mit der **Notwendigkeit** für **fun** im Leben, wobei ich als NOT-*wendig* definiere, was eine **Not wendet**. Viele angeblich notwendigen Dinge (z.B. ein teures neues Auto) mögen für jemanden eine hohe Priorität haben, sind aber nicht wirklich NOT-wendig (ein bescheidedenes Auto würde uns sicher auch transportieren).

Aber ich halte **Freude, Humor und Fröhlichkeit** für absolut **NOT-wendig** (wie dieses Buch hoffentlich

---

* *Management by fun.*

zeigt). Deshalb möchte ich Ihnen hier die drei Zitate anbieten.

In der Bibel findet sich ein Spruch Salomons, der
besagt, daß „ein Fröhliches das Gesicht heiter
macht, Kummer im Herzen jedoch das Gemüt
bedrückt".

In der jüdischen Überlieferung heißt es im Talmud, dass wir für „all die erlaubten Freuden", die
wir im Laufe unseres Lebens zu genießen ver-
säumt haben, zur Rechenschaft gezogen werden.
Ist die Auffassung, daß Leben nicht nur Schmerzen und Leiden bedeutet, sondern daß ein we-
sentlicher Teil unserer geistigen Entwicklung darin besteht, uns so oft wie möglich zu erfreuen,
nicht wunderbar?

Der buddhistische Kanon beinhaltet einen Ge-
sang mit dem Titel „Anrufung der Namen Bodhi-
sattvas", der mir immer sehr nahegegangen ist.
Er lautet ausschnittweise: „Wir geloben jemandem am Morgen eine Freude zu bereiten und am
Nachmittag jemandes Leiden zu lindern. Wir wissen, daß uns das Glück anderer selbst zum Glück
verhilft, und wir geloben, auf dem irdischen Pfad
Freude zu verbreiten.*

---

* vgl. Matt WEINSTEIN, *Management by fun*, S. 21f.

H wie Heimat, emotionale©

Wenn wir unsere Gefühle etwas bewußter zur Kenntnis nähmen, dann könnten wir im Zweifelsfall vorsichtig gegensteuern, wenn wir merken, daß wir „absacken". Wir könnten uns z.B. einige Minuten lang mit unserer persönlichen Sammlung von „besten Witzen" befassen oder uns fragen, wen wir mit einer kleinen Geste erfreuen oder, ob wir einige Momente DANK empfinden können (jede Möglichkeit stärkt das **Immunsystem** und „hebt" die Stimmung). Ich habe in meinem Buch *StoryPower* (das parallel mit diesem entstand) mein Konzept der **emotionalen Heimat** vorgestellt:

Sie kennen das Prinzip des **Stehauf-Männchens**. Es kehrt immer zu seiner „Heimat" (=auftechte Haltung) zurück, weil im Inneren (unten) ein Gewicht dafür sorgt. Wenn sich das Gewicht z.B. zur Seite **verschieben** würde, dann würde das Stehauf-Männchen zu einem Liege-Männchen werden.

Diese Vorstellung inspirierte meine **Metapher**: So wie das Stehauf-Männchen durch seine Konstruktion immer wieder auf seinen „Füßen" landet und nach jedem Stoß, den es abbekommen hat, wieder „aufrecht" steht, so geht es einem Menschen mit ausgepräter Humor-Fähigkeit: Negative Gefühle können durch Humor **relativiert** werden. Außerdem stellt der **Humor** einen hervorragenden **Weg** dar, um eine **positive emotionale Heimat zu schaffen**, so daß man wieder „auf die Füße fallen" kann, selbst wenn man kurzfristig am Boden lag. Aber viele Menschen bleiben weit länger als nötig liegen und quaken laut (oder winseln leise), statt aus der Situation zumindest eine Lehre zu ziehen. Dies ist besonders wichtig, wenn wir annehmen, ein „böser Mitmensch" habe uns „getreten". Deshalb sagen die Esoteriker* so schön:

Jeder Mensch, der dir begegnet, ist entweder dein Freund oder dein Lehrer (im Sinne von Trainer oder Coach).

So kann ein Mensch, der herumtrödelt, während wir ungeduldig warten, zu unserem **Geduld-Coach** werden; ein Typ, der „nur Unsinn erzählt" zu unserem Lehrer in punkto Toleranz für andere usw. In dem Modul *Sehr witzig, haha! Oder: Stärken Sie Ihre Humor-Fähigkeit* (S. 61ff.) finden Sie einige Fallbeispiele dafür, wie man frustrierenden Situationen mit Humor ganz anders begegnen kann. Es beginnt damit, daß wir bei manchen

---

* Natürlich meine ich nicht die teebeutelschwingenden Typen auf Esoterikmessen. Leider stellt die Presse alles, was sie nicht begreift, in die „Esoterik-Ecke". Das ändert nichts daran, daß seriöse Esoteriker uns manchmal sehr viel bieten können (wie ich in meinem Video-Vortrag *Pragmatische Esoterik* aufgezeigt habe).

Frustrationen zumindestens hinterher lachen können.
Lieber viele Jahre später als nie. Aber je weiter wir auf
diesem Weg schreiten, desto öfter wird es uns gelingen,
bereits kurz hinterher oder sogar während „es" passiert,
positiv zu reagieren. Dann ist unser kleines „Stehauf-
Männchen" doch recht gesund (geworden). Ich wünsche
allen Betroffenen eine gute Besserung!

I wie Insel oder: Ist dieser Witz witzig?

Die Bewertung, **ob** etwas als witzig empfunden wird, hängt von einer Reihe von Faktoren ab. Unter anderem ist von starkem Einfluß:

1. die **Situation** selbst

2. die **Anwesenden** (Personen) bzw. die jeweiligen „Inseln" der Betroffenen (s.u.)

3. die Bereitschaft zu lachen, sowie

4. das, was dem Witz **unmittelbar vorausging**.

Zu 1, **Situation**:

Es gibt **Situationen**, in denen man alles auf ein Thema bezieht, und jede noch so „unschuldig gemeinte" Bemerkung wahre Lachstürme auslösen kann. Denn nun führen normale Assoziationen automatisch zu Bisoziationen (nach KOESTLER), (vgl.: *Die Ent-Täuschung: Schluß mit lustig?*, S. 55ff.) Dies ist besonders ausgeprägt, wenn man einer „Quelle" zuhört, die **nichts** von diesen Assoziationen zu jenem Thema weiß, z.B. eine gerade angekommene Person. Jedes Wort, das sie spricht, schafft ohne ihr Wollen eine Ver-BIND-ung zu den Dingen, die vorher besprochen worden waren. Einfachstes Beispiel: Es waren z.B. Sex-Witze erzählt worden und der Neuankömmling erzählt, er habe gerade eine neue Sportart entdeckt (brüllendes Gelächter). Jemand fragt ihn: Wie effektiv sie im Sinne eines Fitneß-Trainings sei, und er sagt, er kenne keine Sportart, die in weniger Zeit mehr Energien verbrauche (Gelächter). Natürlich wird er bald eingeweiht und nun kann er fröhlich mitlachen, wenn der Ober einige Minuten später fragt, ob „man noch mehr wolle"... Ob etwas lustig wirkt, hat immer mit unseren Erwartungen zu tun (vgl. *E wie Erwartungshorizont*, S. 119).

Zu 2, die **Anwesenden**:

Kennen Sie meine **Insel-Metapher**?* Wir stellen uns jede Person als in einer Insel lebend vor („in", nicht „auf", weil wir diese metapherische Insel nie verlassen können).

---

* Z.B. in meinem Taschenbuch *Erfolgstraining.*

Diese Insel enthält alles, was wir „ich" nennen, inkl. aller Erinnerungen, Werte, Wahrnehmungs-Filter etc. Damit aber enthält die Insel auch die Bewertungs-Kriterien für alles, was wir wahrnehmen (z.B. einen Witz). So kann ein Witz einer Person „wahnsinnig „lustig" erscheinen, während eine andere Person diese Art von Witz völlig ablehnt.

Merke: Dies ist legitim. Erinnern Sie sich an die Inventur-Aufgabe im Intro (S. 10f.)? Wenn wir regelmäßig mit demselben Witz „touren" und ihn von diversen Menschen bewerten lassen (auf der Skala von Null bis 100), dann weden wir immer wieder begreifen: Kein Witz existiert im Vakuum oder kann „absolut" bewertet weden, da jede Be-WERT-ung zwangsläufig vom Wertesystem des Bewertenden abhängt; dieses aber ruht „in" der Insel…

Zu 3., die **Anwesenden**:

Die **Anwesenden** müssen grundsätzlich **bereit** sein, **miteinander** zu lachen (wobei diese Bereitschaft meist unbewußt bleiben dürfte). Bei einem firmeninternen Seminar, in dem mehrere Hierarchie-Ebenen anwesend sind, kann man an der Verbissenheit, mit der über bestimmte Bemerkungen nicht einmal geschmunzelt wird (während andere Gruppen bereits laut lachen) ablesen, daß **diese** Menschen entweder heute zufälligerweise alle sauer sind oder aber, daß sie sich gar nicht frei genug fühlen, **miteinander zu lachen…**

Zu 4, was dem Witz **unmittelbar vorausging**:

Hier gibt es zwei Möglichkeiten: Zum einen fällt den meisten Menschen das Lachen über den dritten Witz leichter als über den ersten, **weshalb erfahrene Witz-Erzähler ihre besten Stories nie am Anfang „verbraten".** Ähnlich bauen Kabarettisten ihre Nummern so auf, daß die besten Pointen ins letzte Drittel kommen. Wenn alles gut geht, haben sie zu diesem Zeitpunkt eine **sehr hohe Lachbereitschaft**.

Es kann aber auch sein, daß eine Gruppe die Möglichkeit eines Gelächters (unbewußt) nutzt, um **Streß-Energien abzulachen**. Deshalb plaziere ich in Vorträgen, wenn ich merke, daß die Zuhörer/innen von einem Gedanken ganz besonders betroffen sind, bald eine Pointe irgendeiner Art, damit sie sich wieder frei lachen können…

J wie JA zu Humor!

Ich halte es für extrem hilfreich, wenn wir mit einfachsten Schritten mehr Humor in unser Leben bringen, z.B. indem wir uns fest vornehmen, täglich **mindestens einmal einen** Witz zu hören, zu erzählen oder zu lesen. Und damit der Weg zur Hölle nicht mit guten Vorsätzen gepflastert ist, schlage ich Ihnen folgende **Strategie** vor:

Legen Sie eine Witze-Sammlung unter das Kopfkissen. Wenn Sie abends feststellen, daß Sie im Begriff sind, „ungewitzt" ins Bett zu gehen, dann können Sie zumindest noch einen (einige) Witz/e lesen, ehe Sie sich schlafen legen. (Übrigens finden Sie auf meiner Web-Site einen Witz der Woche, mit der Möglichkeit, alle vorangegangenen ebenfalls auszudrucken: **www.birkenbihl-insider.de**).

Die Frau: „Ich habe es satt, mit dir zu streiten. Ich gehe ins Wasser, und den Hund, den nehme ich mit!" Er: „Kommt nicht in Frage, der Hund bleibt hier!"

K **wie Kalauer (Kal-AUA)**

Beginnen wir mit einem Beispiel:

Sagt der Kaffee zur Sahne: „Komm in meine Tasse, Sahne". Sie zögert, er wiederholt die Einladung, schließlich meint sie: „Na ja, eh ich mich schlagen lasse".

Viele Leute meinen, wenn sie den Begriff Kalauer nur hören, sofort laut stöhnen zu müssen (oft auch noch *Aaaaah, da bekommt man ja direkt Zahnschmerzen!* u.ä. Unsinn murmelnd). Manchen Fachleuten gilt der Kalauer als PROLET *unter den Witzen*, aber ich glaube, das

Gegenteil ist der Fall, manche Kalauer sind regelrechte INTELLEKTUELLE.

Ich könnte mir vorstellen, daß die abschätzige Meinung damit zu tun haben könnte, daß man bei vielen Kalauern einen Moment Zeit benötigt, um den Wortwitz zu begreifen. Er fällt nämlich eher in die Kategorie von Witz (in der Bedeutung von *Intelligenz* und *esprit*) als Witz im häufiger gebrauchten Sinne von *lustig, ha-ha*.

Bei Witzen meinen viele, schnelles Lachen zeuge von höherer Intelligenz, und so geniert man sich dann eben, wenn man einem Witz begegnet, bei dem man einen Moment benötigt. Wer nämlich mit beiden Armen abwehrende Bemerkungen macht, meint, es merke niemand, daß man etwas länger braucht.

Meines Erachtens nach können wir Kalauer genauso beurteilen wie alle Witze: Es gibt eher dümm-dämliche und es gibt intellektuelle, die eine Menge Vorwissen voraussetzen, um sie zu verstehen.

Trainings-Strategie: Es kann sich sehr wohl für Sie lohnen, ein Jahr lang alle Kalauer, die Ihnen begegnen, bewußt zu registrieren und sie zu sammeln, um nach diesem Kaulauer-Sammel-Jahr zu entscheiden, **wie wir sie in Zukunft finden wollen!*** Übrigens kann man man-

---

* Ja, Sie haben es sicher erkannt, der letzte Halbsatz ist auch einer!

che Kalauer nur lesend „konsumieren", denn beim lauten Vorlesen oder Erzählen würde der Tonfall „nicht funktionieren", zum Beispiel:

Ein Mann kommt in die Buchhandlung und verlangt die sämtlichen Werke von Goethe. Die Buchhändlerin fragt: „Welche Ausgabe?" Der Kunde: „Da haben Sie recht: Welche Ausgabe" – und geht.

Manche Kalauer können auch zum Nachdenken anregen (ähnlich wie Einzeiler), weil sie eine Wahrheit (oder zumindest ein Körnchen Wahrheit) enthalten, wie z.B. diese Wortspiel um den Begriff „verdienen" zeigt:

Sie beichtet lange und sehr ausführlich. „Wissen Sie, was Sie bei so vielen Sünden verdienen würden?" fragt der entsetzte Beichtvater streng. „Schon, aber ich mache mir nichts aus Geld, Hochwürden."

Hier noch vier Beispiele, die sich der Grenzlinie zwischen Kalauern und Witzen schon nähern...

„Sind das holländische Tomaten?" – „Wollen Sie mit ihnen reden, oder wollen Sie sie essen?"

Ein Mann betritt das Fotogeschäft. „Einen Farbfilm bitte." „24 mal 36?" – „864, wieso?"

„Ich hätte gerne rote Rosen" – „Lange?" – „Wie, Sie vermieten die auch?"

Ein Mann betritt ein Tabakgeschäft und wünscht ein Paar
Socken zu kaufen. „Tut mir leid", sagt der Verkäufer, „wir
verkaufen hier nur Artikel für Raucher." Nickt der Herr:
„Ich bin Raucher."

Der folgende Witz hat diese Trennlinie zwischen Witz
und Kalauer nach Meinung einiger bereits überschritten:

Eine Nachbarin zur anderen: „Mein Sohn **meditiert** neu-
erdings. Ich weiß zwar nicht, was das ist, aber es ist auf
alle Fälle mehr als früher, als er ständig rumsaß, ohne
etwas zu tun."

L wie Loyalität

Der mehrfach erwähnte Matt WEINSTEIN weist u.a.
darauf hin, daß **Humor als „Management-Tool"** die
Loyalität der Mitarbeiter **stärkt**. Man empfindet anders
für Menschen, mit denen man herzlich gelacht hat, denn
das schafft ganz andere Ver-BIND-ungen als die in Firmen, in denen jeder seiner Arbeit bierernst nachgeht -
ganz zu schweigen von Firmen, in denen die Leute regelrecht Angst haben. Inzwischen hat man erkannt, wieviele Milliarden es die Volkswirtschaft jedes Jahr kostet,
wenn die Leute Angst haben. Da aber Angst (wie auch
Ärger und Streß) nicht vorhanden bleiben können, wenn
man herzhaft lacht (im Gegensatz zum nervösen Pseu-

do-Lachen), ist dies ein weiterer Grund, warum Humor in unseren Firmen einen hohen Stellenwert haben sollte.

Aber natürlich gilt alles, was WEINSTEIN für Firmen sagt, auch in **anderen Gemeinschaften**: von Interesse-Gruppen über Sportclubs bis hin zu Freundeskreis, Familie, Nachbarschaft oder im Kloster!

Loyalität bedeutet, daß einem das Herz warm wird, wenn man an diese Menschen denkt. Das sollte nicht nur Firmangehörigen zugute kommen, oder?

M wie das Mu-ROH-Prinzip©

Ich nutze den „verdrehten" Begriff, um im Seminar über wichtige Aspekte von Humor sprechen zu können, ehe meine Hörer und Hörerinnen wissen, daß es um Humor gehen wird (vor allem in Vorträgen oder Seminaren, die offiziell „ernstere" Themen haben). Es handelt sich um ein KaWa©*

M = Mut: Normalerweise definieren wir „Mut" im Sinne von „Courage" oder auch der Grundbedeutung (erhalten im englischen Wort MOOD), die unsere emotionale Befindlichkeit beschreibt. Dieses ist enthalten in

---

* vgl. Seminar-Taschenbuch: *Birkenbihl-Power-Tag* oder: *Stroh im Kopf?* (ab 36. Aufl.), Stichwort früher: „Analografie", inzwischen: ANALOGRAFFITI©.

Redewendungen wie „jemand/etwas mutet uns an", „an-mutig" u.ä.

U = Übertragungs-Effekt: (Wie das längere Zitat bei „O = Orientierung" (S. 138ff.) zeigt, gibt es eine Art von Übertragungs-Effekt für Annahmen über Menschen (die Leute sind ok oder: die Leute sind eher nicht ok). Ebenso stecken Stimmungen uns bekanntlich schnell an, und auch die Bereitschaft zu handeln oder zu helfen wird in weit stärkerem Maß von unserer Umgebung beeinflußt als uns normalerweise bewußt ist. Deshalb können wir hier von einem Übertragungs-Effekt sprechen: Kommt beispielsweise ein Chef (Lehrer) schlechtgelaunt in die Firma (ins Klassenzimmer), wird er wohl kaum jemanden positiv beeinflussen können. Aber auch von uns geht dieser Übertragungs-Effekt aus: Wir können uns passiv von unserer Umwelt mitziehen lassen oder, z.B. durch bewußtes Beschäftigen mit ein paar guten Witzen (s. Modul: *Damit Sie etwas zu lachen haben*, S. 169ff.) unsere Stimmung heben, ehe wir sie auf andere übertragen.

R = Reaktion und Revanchieren

1. **Reaktion,** unsere emotionale Reaktion auf unsere Umwelt, bzw. die emotionale REAKTION der anderen auf uns als deren Umwelt!

2. **Revanchieren:** Es scheint eine Art universelle Tendenz zu geben, anderen Gleiches mit Gleichem vergelten zu wollen, negativ wie positiv. Diese Tendenz ist meist unbewußt! Aber wir können sie nutzen: Je mehr positive Signale wir aussenden, desto mehr Menschen möchten auch uns positiv begegnen. Da es manchen Menschen schwer fällt, „nett" zu sein (weil sie so viele weniger nette Modelle hatten), kann HUMOR ein wunderbares verbindendes Element werden. Jemand, mit dem wir gelacht haben, behält uns in angenehmer Erinnerung (und umgekehrt).

O = Orientierung: In meinem Buch *StoryPower* berichte ich davon, wie leicht unsere ORIENTIERUNG anderen Menschen gegenüber beeinflußt werden kann:[*]

---

[*] vgl. mein Taschenbuch *StoryPower*, S. 102f.

Es gibt einige sehr interessante amerikanische **Studien**, bei denen man Leute (in einem Restaurant) bewußt betrog. Man prellte sie **genau um einen Dollar** (Kaufkraft weniger als eine Tasse Kaffee!). Und zwar tat man dies in einer Art und Weise, daß die Opfer es merken **mußten**. Die meisten erhoben Einspruch und erhielten ihren Dollar zurück. Aber der eigentlich spannende Aspekt dieser Studien fand **eine halbe Stunde später statt**.

1 Da führte man eine Befragung durch, und zwar sowohl mit den Betroffenen als auch mit einer Kontrollgruppe (Kunden desselben Restaurants bzw. Ladens, die **nicht** betrogen worden waren). Um die Worte eines bekannten Kabarettisten zu benützen: „Jetzt kommt's":

Menschen, die vor 30 Minuten um einen läppischen Dollar betrogen worden waren, **schätzten die Anzahl der Menschen** in dieser Welt, **die betrügen, wesentlich höher ein** als die Versuchspersonen der Kontrollgruppe.

2 In einem zweiten Experiment rempelte man Leute in einer Warteschlange **an** und kämpfte sich „ordinär durch". Auch hier zeigten sich die Auswirkungen noch 30 Minuten später:

Für die **Angerempelten** ist **die Welt voller Aggressivität**. Für sie gibt es jede Menge **aggressi-**

ver Typen und Ellbogen-Menschen, während die Reaktion in der Kontrollgruppe weit friedlicher ist.

… So kann ich meinen Seminar-Teilnehmern hautnah vorführen, wie sehr eine kleine Begebenheit unser Denken und Fühlen bereits beeinflussen kann…

Was, glauben Sie, lösen 30 Minuten weitgehend negative TV-Nachrichten in Ihnen aus?!

Ähnlich aber noch spannender sieht es mit POSITIVEN ERFAHRUNGEN aus! In dem hervorragenden Buch von Matt WEINSTEIN *(Management by fun)* finden wir die eine äußerst spannende Studie eines Psychologen-Teams (um Dale LARSON), bei der es um einen positiven Übertragungs-Effekt geht (vgl. auch „U", S. 137), der unsere ORIENTIERUNG sehr schnell beeinflussen kann.*

Im Rahmen dieser Studie bezog das wissenschaftliche Personal Stellung auf der gegenüberliegenden Straßenseite eines Münzfernsprechers, um die Leute, die von dort aus Telefonate führten, zu studieren. Eines der ersten Dinge, die sie feststellten, war, daß fast jeder Anrufer nach Auflegen des Hörers einen Blick in die Geldrückgabelade warf, um zu sehen, ob der Apparat das Geld irrtümlich wieder ausgeworfen hat!

---

* Matt WEINSTEIN: *Management by fun*, S. 51f.

Diese Verhaltensweise brachte die Wissenschaftler auf eine Idee. Am nächsten Tag legten sie nach dem Zufallsprinzip Münzen in die Geldrückgabelade, so daß einige Telefonbenützer tatsächlich Geld vorfanden. Die Studienbetreiber engagierten eine junge Frau, die genau dann an dem Münztelefon vorbeigehen sollte, wenn die unter Beobachtung stehenden Personen den Hörer auflegten. Wenn die junge Frau dann mit einem Stapel Bücher in den Armen vorbeiging, gab sie vor, zu stolpern, und ließ die Bücher fallen.

Die Wissenschaftler kamen dabei zu der überraschenden Erkenntnis, daß jene Leute, die in der Lade Münzen vorgefunden hatten, mit *viermal so hoher Wahrscheinlichkeit* stehenblieben und der Frau beim Aufheben der Bücher halfen als die Leute, die keine Münzen gefunden hatten. Sie zogen daraus den Schluß, *daß man eher dazu neigt, Gutes zu tun, wenn man sich selbst wohlfühlt;* das heißt, der Auslöser für die Hilfeleistung ist übertragbar. Anders ausgedrückt, wenn Sie jemand anderem Gutes tun, wird er wiederum viel eher einer weiteren Person einen netten Dienst erweisen, so daß eine kleine Geste einen Schneeballeffekt ungeheuren Ausmaßes auslöst.

H = Humor-Fähigkeit (vgl. Modul: *Sehr witzig, Haha!
Oder: Stärken Sie Ihre Humor-Fähigkeit,* S. 61ff.)

Summe: HUMOR*

N wie nachdenklich machen

Wenn wir guten Kabarettisten „auf's Maul schauen",
können wir erstens lernen, wie man „heikle" Themen
möglichst gut „rüberbringt", und manchmal können wir
sogar neue Einsichten über den Zustand unserer Welt
gewinnen. Besser als viele Seiten gelehrter Abhandlun-
gen bringen solche Leute Themen, die ihnen ein Anlie-
gen sind, auf den Punkt. Dieses „Auf's Maul schauen"
besteht z.B. darin, einen TV-Auftritt mitzuschneiden
und später **mehrmals** anzuhören (wobei ich mir dann
Audio-Kassetten kopiere, die ich z.B. beim Spazieren-
gehen oder auf Reisen mehrfach anhören kann). Beste
Passagen solcher Videos (oder CDs) wähle ich dann
zum Transkribieren aus, so daß ich den Text dieser besonders interessanten Passagen auf Papier habe und in
aller Ruhe noch einmal studieren kann.

Wie geht ein Kaberettist, den ich sehr schätze, nämlich
Volker PISPERS, vor, wenn er uns zum Thema Krimina-

---

* vgl. meinen Video-Vortrag „Humor" (**www.birkenbihl-insider.de**).

lität einige Gedanken nahebringen will, die er wichtig findet?*:

Statt diebstahlsicheren Autos **fordern** die Konservativen immer schärfere Strafen.

Die Kombination von zwei Aspekten, die man tatsächlich **fordern** könnte, macht mir zum ersten Mal so richtig klar, daß diebstahlsicherere Autos tatsächlich gefordert werden könnten. Und ich frage mich weiter: *Warum tut das niemand?* Es kann nicht wahr sein, daß die Industrie nicht in der Lage wäre, wenn sie wollte. Nun fährt PISPERS fort:

Wenn etwas passiert, heißt es immer: „Wir brauchen schärfere Strafen, die abschrecken."

Tja, stellen wir uns einen Herrn X vor, der jetzt denkt: „Klar brauchen wir schärfere Strafen". Nun haben die meisten, die so denken, den Gedanken noch nie zu Ende gedacht. Wenn PISPERS **sofort dagegen** argumentieren würde, würde Herr X wahrscheinlich „dichtmachen". Aber zuerst stimmt der Kabarettist ihm scheinbar zu:

Schärfere Strafen schrecken unglaublich ab.

---

* Volker PISPERS: *Damit müssen Sie rechnen* (CD).

Herr X nickt zufrieden. Er macht keinesfalls „dicht", spricht doch hier jemand, dem er zuhören will. Etwas später:

> Die Amerikaner haben ja nur deshalb so friedliche Großstädte, weil die Todesstrafe alle abschreckt.

Es dauert einen Moment, bis Herr X aufwacht! „Wie war das eben?" Er hat mindestens fünfzehn Worte nicht mitbekommen. Aber jetzt hört er die Stimme wieder:

> Schärfere Strafen schrecken niemanden ab. Das ist weltweit soziologisch erwiesen. Die Länder mit den schärfsten Strafen haben die **brutalsten** Gewalttaten. Das einzige, was Sie mit einer richtig scharfen Strafe sicherstellen können ist, daß **derselbe** Täter dieselbe Tat **nicht noch einmal** begeht. Das ist alles.

Nun passiert zweierlei: Erstens hat Herr X diese Argumente tatsächlich vernommen! Vielleicht zum ersten Mal in seinem Leben. Zweitens lachen und klatschen viele Menschen neben, vor und hinter ihm Zustimmung. Auch das macht ihn nachdenklich.

In einem Gespräch zu zweit hätte Herr X keine Chance gehabt, mitzuerleben, daß doch viele Menschen das anders sehen als er. Nach ca. zwei weiteren Sätzen hört er wieder zu:

> Das erste Mal beim Klauen erwischt, linke Hand
> ab! Nochmal beim Klauen erwischt, die nächste
> Hand ab. Danach ist der höchstens noch zu
> Mundraub fähig...

Jetzt ist er sogar schon unter denen, die schmunzeln, während andere lachen.

Die Aufgabe guter Kabarettisten ist mit der des Hofnarren (der als einziger die Wahrheit sagen durfte) oder eines Eulenspiegels (der uns den Spiegel vorhielt) vergleichbar. Und Volker PISPERS gehört zu den besten!

O wie Opfer –
STRATEGIEN gegen chronische Meckerer-vom-Dienst (M.v.D.)

Wenn Sie unter einer Person leiden, die Sie **regelmäßig** in die Pfanne haut, dann sollten Sie bedenken: Selbst wenn Sie so entsetzlich unmöglich wären, ist es **der Stil dieser Person** bestimmt nicht! Nun schimpfen die meisten Meckerer-vom-Dienst in der Regel aus eigenen Unsicherheits-Gefühlen heraus. Denn jemand, dessen Selbst-Wert-Gefühl gut ist, könnte andere gar nicht so „zur Schnecke machen", daß sie akut darunter leiden. Ich beobachte auch an mir eine Tendenz, herumzunörgeln, wenn **ich** mich gerade nicht so toll fühle. Nun wäre ich durchaus dankbar, wenn ein Opfer mir **humorvoll** zu vertehen gäbe, daß mein Ton heute nicht gerade hilfreich ist. Deshalb möchte ich Ihnen drei Variationen anbieten.

Nr. 1: Schreiben Sie...

Schreiben Sie einen kurzen Text **aus der Sicht jener Person**, den Sie auch mit **deren** Namen „unterschreiben". Diesen Text werden Sie ab jetzt immer griffbereit halten.*

Das nächste Mal, wenn Sie es nicht mehr aushalten können, drücken Sie der Person diesen Brief in die Hand und verlassen unmittelbar das Zimmer. Optimal wäre es, wenn Sie sogar das Gebäude verlassen können (z.B. wegen einer Mittagspause?), zumindest könnten Sie einige Minuten in der Toilette „verschwinden".

* Wenn Sie den Text mit dem Computer „produzieren" und jeweils einige Blätter ausdrucken, die Sie in Brieftasche, Schreibtisch-Schublade etc. legen, dann können Sie jederzeit einen dieser „Briefe" hervorziehen. Man kann sogar einen Brief (mit Couvert) daraus machen…

Textvorschlag Nr. 1:

Liebe/r [hier setzen Sie Ihren eigenen Namen ein],*

Es tut mir leid, daß ich wieder ziemlich „forsch" gewesen bin, ich wollte Dich eigentlich nicht verletzen. Können wir später noch einmal ruhig über die Sache reden?
Danke.
Dein/e [Name dieser Person]

Textvorschlag Nr. 2:

Liebe/r [hier setzen Sie Ihren eigenen Namen ein],**
da ich mich heute wieder einmal ziemlich mies fühle, dachte ich, es geht mir sicher bald besser, wenn ich Dich, liebe/r [Ihr Name], *in die Pfanne haue.*

Dein/e [Name dieser Person]

Nr. 2: Denken Sie...

Der zweite Brief (Textvorschlag Nr. 2) **muß oft nicht wirklich überreicht werden**. Es reicht vielen, wenn sie sich nur **vorstellen**, daß Sie es tun **könnten**. Allein der Gedanke wirkt auf manche Menschen erfahrungsgemäß

---

* Wenn Sie mit der Person per Sie sind, dann überschreiben Sie den Brief natürlich: Liebe/r Herr/Frau [Ihr Nachname].
** siehe *

so erheiternd, daß sie die nötige Distanz gewinnen, um diese Art der Kritik mit dem nötigen Abstand zu „nehmen". Dieser Abstand relativiert und er hilft Ihnen, den Tonfall Ihres Peinigers „auszublenden" und auf der **inhaltlichen** Ebene zu sehen, was Sie tatsächlich lernen können. Es ist erstaunlich, wie viele Meckereien inhaltlich so wenig hergeben, daß sie keine echte „Lektion" beinhalten, die man lernen könnte!

Merke: Je klarer dies der Fall ist, desto eher will der M.v.D. Probleme mit seinem Selbstwertgefühl verbergen, und zwar in der Regel vor sich selbst!

Nr. 3: Sagen Sie…

Achten Sie darauf, ob die (An-)Klagen **globalen** Charakter haben (z.B.: *Immer machst du das falsch! Du hast noch jedes Mal…! Nie kannst du…*).

Übrigens sind viele Aussagen global, auch wenn die Begriffe „immer" oder „nie" fehlen, nämlich wenn **kein spezielles Ereignis** angesprochen wird (*Du bist unmöglich!* bedeutet: *Du bist immer unmöglich!*).

Bei globalen Aussagen können Sie humorvoll eingreifen, indem Sie mit den Zahlen spielen. Global impliziert ja **immer** (100%) oder nie (0%). Sie könnten den M.v.D. vielleicht nachdenklich machen, wenn Sie diesen Aspekte aufgreifen und z.B. sagen:

● Also das passiert nur selten, so ca. **135% der Zeit**!

● Das stimmt so nicht, das gilt maximal **9 von 10** Mal!

Oder nutzen Sie einen typischen Humor-Mechanismus, indem Sie maßlos übertreiben (s. Seite 105ff.).

● **M.v.D.:** Du bist unmöglich!
   Sie: Ja, und ich fresse auch kleine Kinder.

● **M.v.D.:** Jetzt hast du schon wieder vergessen, …
   Sie: Ja, ich bin unmöglich! Ich weiß, morgen wird die Welt stehen bleiben, weil ich die Sache vergessen habe. Ich habe das Sterben aller Menschen dieses Planeten zu verantworten - am besten hänge ich mich jetzt gleich auf, was meinst du?

Oder sprechen Sie **über seine Kritik** als sein Verhalten, indem Sie seinen Angriff fast wörtlich zurückspielen:

● **M.v.D.:** Du baust aber auch **jedes Mal** denselben Mist!
   Sie: Das tue ich doch nur dir zuliebe, damit du mich **jedes Mal wieder** in die Pfanne hauen kannst.

Es kann Ihnen auch helfen, sich ab und zu klarzu-
machen:

Ohne Ihr Verhalten könnte diese Person
ihren Frust überhaupt nicht loswerden.
Sie sehen also, wie wertvoll Ihre angeblichen Fehler für jenen M.v.D. in Wirklichkeit sind...

P wie Priorität

Wann haben Sie sich zuletzt gefragt, worin Ihre Prioritä-
ten (beruflich wie privat) für Sie liegen und ob Ihre Umwelt das ähnlich sieht?

So hat Bildung bei uns nur eine geringe Priorität, gebil-
dete Leute werden von der Allgemeinheit nicht besonders geschätzt, Schachspieler gelten als „Sportler" (weil
wir gar keine Rubrik für „solche" Leute besitzen). In den
asiatischen Ländern hingegen hat Bildung einen sehr
hohen Stellenwert: Man darf sie besitzen und man muß
sich ihrer nicht schämen...

Management-Seminar – letzter Tag. Der Seminarleiter:
„Meine Damen und Herren, zum Schluß wollen wir ein

bißchen Allgemeinbildung betreiben. Mal sehen, was Sie so drauf haben. Also – ich lese Ihnen ein klassisches Zitat vor und Sie sagen mir, wer es wo gesagt hat (im Idealfall auch noch wann)."

Er beginnt: „Vom Eise befreit sind Strom und Bäche..." Keiner weiß es. Da meldet sich ganz hinten ein kleiner Japaner: „Johann Wolfgang von Goethe, Faust, Osterspaziergang, 1806!" Die Teilnehmer murmeln anerkennend.

Nächste Frage: „Der Mond ist aufgegangen, die goldnen Sternlein prangen…" Und wieder, wie aus der Pistole geschossen, der Japaner: „Matthias Claudius, Abendlied, 1779!" Die Manager schauen peinlich berührt zu Boden.

Der Seminarleiter: „Fest gemauert in der Erde…" – „Schiller", strahlt der Japaner, „Das Lied von der Glocke, 1799!" Jetzt finden es die Manager langsam ärgerlich. Murmelt einer in der ersten Reihe: „Scheißjapaner!" Wieder ertönt die Stimme von hinten: „Max Grundig, Computermesse CeBIT, 1982!"

Q wie Qualität des Lebens

Wenn dieses Buch eine Quintessenz hätte, dann die: Humor kann unsere Lebens-Qualität dramatisch verbessern, und zwar mindestens aus fünf Gründen:

bitte umblättern

1. **Bio-Logisch:** Gesundheit und Immun-System (Humor als Anti-Streß, Anti-Ärger und Anti-Angst-Maßnahme, vgl. auch *Was passiert im Körper beim Lachen?*, S. 24ff.)

2. **Psycho-Logisch:** unsere emotionale Heimat (s. oben, S. 125), sowie die NOT-wendigkeit von Freude und Vergnügen (im Sinne von Vergnügt-Sein).

3. **Logisch** (analytisch, rational)

4. **kreativ** (analogisch, innovativ): Humorvolle Leute sind innovativer und kreativer, denn die Gedanken können freier fließen (vgl. *Flow*, S. 116).

5. **Zeit-Oase** durch CHAIROS: Ganz im Hier und Jetzt (vgl. *C wie Chairos*, S. 112ff.).

R wie Repertoire

Bevor wir im Seminar über Humor sprechen, nehmen viele Teilnehmer an, es sei quasi **Schicksal, ob man viel zu lachen habe oder nicht.**

Tatsache aber ist, daß wir zu einem weit größeren Maß selbst bestimmen können, ob und wie oft wir lachen oder nicht.

Zum einen durch Training (wie jedes Repertoire durch Training verbessert werden kann), weshalb dieses Buch viele Aufgaben anbietet. Zum anderen durch strategische Ansätze (s. „S"), die jedoch durch unsere Intentionenen **gefärbt** werden. Wer durch Anti-Freude-(Anti-Humor-)Programme aus der Kindheit oder seiner jetzigen Umgebung geknebelt wird, muß sich vielleicht erst von diesen Fesseln befreien. Hierzu möchte dieses Buch auch eine bescheidene Hilfestellung bieten! (Man kann es auch an „solche Leute" verschenken, es ist absichtlich ein preiswertes Taschenbuch!)

S wie Strategien

Wenn Humor (in Zukunft) eine hohe Priorität (vgl. „R") in unserem Leben hat, dann werden wir die Pro-Humor-Strategien „ernst"nehmen und durchführen, z.B.:

1. **Witze sammeln** und

2. mit anderen eine regelrechte **Witze-Börse** veranstalten.

3. **täglich mindestens einmal einen Witz hören oder selbst erzählen.** Seit ich mit dem konkreten Schreiben an diesem Buch begann, gibt es in unserem Büro einen **joke of the day** (Tageswitz); den ich vielen, die mit mir telefonieren, anbiete (auch Fremden!)*.

---

* Ausnahmen sind (potenzielle) Kunden, die mehrmals betonen, wie sehr in Eile sie seien, und die sich sogar gegen ein wenig Heiterkeit wehren…

Bitte bedenken Sie, daß das **internet** voller Witze ist, so daß man mit wenig Mühe immer einige griffbereit haben kann (auch Einzeiler, die so kurz sind, daß es wirklich kein Zeit-Faktor wird!).

Für unsere birkenbihl-*insider* gibt es (seit einiger Zeit unter **www.birkenbihl-insider.de**) unseren **Witz der Woche** (rechts oben auf der Website).

T wie T-Zellen

Leider gibt es noch keine tausenden von Studien, die den diversen Ver-BIND-ungen zwischen Humor und der Unterstützung des Immun-Systems nachgehen, sondern nur einige hunderte. Zu den best erforschtesten Aspekten gehört aber die Reaktion der T-Zellen-Bildung, denn diese wurden davor bereits bei Streß erforscht. Die T-Zellen sind unsere Truppen, die gegen feindliche Eindringlinge kämpfen. Sie wurden als wichtigste Bastion gegen Krebs identifiziert. Die wichtigsten Ergebnisse im Überblick:

1. **Bei negativem Streß** verringert sich die Anzahl dieser „Killer-Zellen" extrem schnell.

2. **Bei eingebildetem Streß** ebenfalls. Dies gilt sowohl für mentales Streß-Erleben in der Vorstellung als auch für Schauspieler, die eine gestreßte Rolle spielen; selbst Laien-Schauspieler. Allein die Vorstellung

macht uns schon krank, wenn die Vorstellung eine „krankmachende" ist. Fazit: Schauspieler sollten solche Rollen nur im Film oder für extrem kurze Aufführungen (z.B. anläßlich einer Feier) spielen und bei den Proben nicht sehr intensiv (oft von Lach-Pausen unterbrochen), damit dieser Effekt nicht (zu sehr) greifen kann. Geht man von einem langen „Run" eines Theaterstückes, Musicals, Ballets etc. aus, dann sollten Schauspieler (die das Geheimnis jetzt kennen) nur positive Rollen annehmen, denn:

3. **Positiver Streß** geht mit Freude-Hormonen (Endorphinen) einher, sowie mit einer erhöhten Produktion von T-Zellen, dasselbe gilt aber auch für:

4. **Ebenso: eingebildeten positiven Streß!**

Der letzte Punkt ist enorm wichtig, denn es gibt so viele Formen des „eingebildeten" Eustreß, mit denen wir unser Leben verbessern können, z.B.:

1. **Traum, Tagtraum**

2. **Theater** (jede Art von Bühne)

3. **Rollenspiele** (z.B. in Unterricht, Seminar o.ä.)

4. **V.R.** Als virtual reality (virtuelle Wirklichkeit) bezeichne ich auch das Kopfkino ohne Helm und Datenhandschuh, also **mentale V.R.**, die es seit Jahrtausenden gegeben hat. Hierzu gehört jede Form von

Kunst, die uns **in eine andere Welt versetzen** kann, inkl. (positiver) **Filme** (Kino, TV, DVD etc.), **Romane, Stories, Bilder anderer, Bilder,** die wir **selber** malen, usw.

U wie Unbekanntes „verlachen"

Angst vor Unbekanntem kann zu einem (nervösen) **Lachen GEGEN etwas/jemanden** führen. Darauf spielt der berühmte Ausspruch von Prof. VIRCHOW an, als er zu einem Kollegen sagte:

> Sie müssen sich das Lachen über Dinge, die Sie nicht verstehen, abgewöhnen; es ist dumm.

Diese Art von Lachen gleicht ein wenig dem Pfeifen im Wald; es hilft jedoch nicht, sich mit dem Aspekt, der Angst macht, zu befassen, so daß man die Angst nicht verlieren kann. Hier wäre es besser, sich einzugestehen, daß einen das Unbekannte nervös macht.

V wie Vergleich

Vergleichen heißt, **Unterschiede** zu suchen. Es gibt eine Reihe von Witzen, die mit den (angeblichen) Unterschieden spielen. Sie basieren oft auf Vorurteil oder Cliché (wie im dritten Beispiel, unten) oder sie geben vor, schwierige Begriffe zu definieren:

1. **Unterschied** zwischen *Sozialismus* und *Kommunismus*?
   Sie unterscheiden sich nur in einem Punkt: Bei ersterem geht es um die Ausbeutung des Menschen durch den Menschen, beim zweiteren ist es genau umgekehrt.

2. **Unterschied** zwischen einem *englischen, französischen* und *deutschen Rentner*? Der Engländer trinkt seinen Whisky und geht zum Pferderennen. Der Franzose trinkt Rotwein und geht zur Freundin. Und der Deutsche? Der nimmt seine Herztropfen und geht weiter zur Arbeit!

3. **Unterschied** zwischen *Psychologie* und *Petting*?
   Psychologie ist dazu da, um die Menschen zu verstehen, Petting, um sie zu begreifen!

W wie WITZE-ROULETTE

Wenn Sie Ihren Tageswitz „suchen" bzw. die Anregung (vgl. S. 11) aufgreifen und Witze (im Sinne Ihrer erweiterten Menschenkenntnis) bewerten lassen wollen, dann können Sie einerseits vorausgewählte Witze einsetzen, andererseit aber auch das **Witze-Roulette** spielen. Dies funktioniert folgendermaßen: Sie benützen eine Samm-

lung durchnumerierter Witze und „finden" den Witz dadurch, daß Ihr Spielpartner eine Zahl nennt. Im Kleinen
können Sie dies bereits mit unserem Witze-Modul
(ab S. 165) durchspielen; es enthält 120 numerierte
Witze…

X wie ein „X" für ein „U" vormachen?

Wollen wir noch einmal Volker PISPERS* „aufs Maul
schauen" (vgl. *N wie nachdenklich machen,* S. 142).
Jetzt geht es um die Frage der **Kosten**:

1. **Was kostet ein Gefangener pro Jahr?**

2. **Was kostet er im Verhältnis zu anderen Kosten?**

Gute Kabarettisten benutzen natührlich korrekte Zahlen,
somit sind sie **nicht** diejenigen, die uns ein „X" für ein
„U" vormachen. Denken Sie kurz nach: *Was kostet es (in
Ihrem Bundesland), einen Häftling ein Jahr lang zu
„halten" (Wohnraum) und zu verpflegen, inkl. des Personals, das dies tut?* (Ohne die Kosten für den Staat, die
zur Ergreifung und Verurteilung nötig waren.) **Die nack-
te Unterbringung, Verpflegung inkl. des Personals!**
Notieren Sie Ihre Schätzung:

_____ DM pro Jahr.

_____

* Volker PISPERS: *Damit müssen Sie rechnen* (CD).

Wieviel ist das eigentlich pro Woche und pro Tag?

_____ wöchentlich, _____ täglich.

Vergleichen Sie diese Zahlen mit einem Hotel Ihrer Wahl! Originaltext PISPERS:

> Wir zahlen allein in Nordrheinwestfalen für 15.500 Häftlinge 700 Millionen DM pro Jahr. Das sind 45.000 DM pro Häftling... Das sind 120 DM am Tag. Das sind 840 DM in der Woche. Für 350 DM können Sie schon eine Woche nach Mallorca fliegen…
> Die Rückfallquote von Knackis (liegt) fast so hoch, wie die von Club Robinson-Besuchern.

Das Faszinierende an Zahlenspielereien wie diesen ist der völlig ungewohnte Blickwinkel, aus dem heraus uns die „Narren" etwas sehen lassen können. Im folgenden Gedankengang rechnet er uns einige hochinteressante Vergleiche vor (Knackis contra Subventionen für Bauern und den Bergbau), aber einen Vergleich möchte ich Ihnen doch noch zitieren (wobei ich Ihnen die CD *Damit müssen Sie rechnen* unbedingt empfehlen möchte):

> 45.000 DM pro Mann pro Jahr nur fürs Wegsperren. Hören Sie mal, verglichen damit sind die Ossis doch spottbillig. Da wird ja gerne gejammert im Westen. „Was das alles kostet mit

der Einheit. Wie teuer die Brüder und Schwestern sind. Der Solidarzuschlag und alles!" Jetzt rechnen wir das mal durch.

Selbst wenn wir 200 Milliarden DM Transferleistungen jedes Jahr an den Osten bezahlen ...
sind es immer noch nur 12.500 DM pro Ossi pro Jahr. Für das Geld können Sie die nicht einmal einsperren. Die Ossis sind nicht teuer. Machen Sie sich nichts vor.

Gerade weil der Vergleich so absurd ist, hat er eine so hohe Kraft. Die Idee, daß man für jeden Knacki mehr als drei Ostdeutsche lässig unterhalten könnte, sowie, daß man über die Kosten laufend meckert, während uns die Kosten der Knackis kalt lassen, wiewohl schon lang erwiesen ist, daß Gefängnis in der derzeitigen Form weder abschreckt noch rehabilitiert... Der Vergleich eines Kabarettisten kann hier vielleicht eher helfen, daß wir erkennen, welches „X" man uns hier laufend als „U" unterjubelt, als hunderte von Studien von Soziologen. Wobei diese jetzt nötig sind, falls jemand bereit wäre, umzudenken! Es gibt inzwischen weltweit genügend Daten, die zeigen, daß „Strenge" nichts verbessert. (Vgl. auch das Modul *Zwei Arten des Lachens?*, bezüglich gewalttätiger Jugendlicher, S. 42ff.)

Y wie Yo-Yo-Effekt

In der Regel kann man über einen Witz nur einmal lachen. Bei Wiederholungen fehlt der Überraschungs-Effekt der Pointe (vgl. *E wie Erwarungs-Horizont*, S. 119). Auf der anderen Seite gibt es bestimmte Kombinationen von Aspekten oder Ideen, die uns jedesmal von Neuem amüsieren können. Auf sie spielte der Kabarettist Volker PISPERS an, als er ein Ehepaar mimt: Er will an Silvester *Dinner for one* sehen und sie sagt: „Ach, das hab ich schon mal gesehen", wobei der Tonfall verrät, daß sie es deshalb nicht wieder sehen möchte, was im Publikum Lachen und Applaus auslöst. Wie kann man *Dinner for one* nach einmaligem Sehen „abhaken" wollen? Hierin stecken so wunderbare Details, die man immer und immer wieder sehen möchte - wie sonst hätte dieser Einakter einen festen Platz bei mehreren TV-Sendungen erhalten?

Allerdings braucht man Pausen zwischen den einzelnen Ereignissen. Es muß nicht gerade ein ganzes Jahr sein, aber täglich würde wohl kaum jemand *Dinner for one* sehen wollen. Das nenne ich den Yo-Yo-Effekt: Das Yo-Yo muß immer wieder hinuntergleiten, ehe es wieder hinauf kann!

Nach einer Entspannung kann bereits eine **erneute Spannung und Faszination** eintreten, **sogar mit demselben Material.** Diese muß allerdings eine **Reihe von Miniatur-Pointen enthalten**, viele kleinere Hügelchen statt einer Riesen-Pointe am Ende. Solche Stories (Sketche etc) können wir **immer wieder sehen.** Ich liebe z.B. die britische BBC-Serie *Yes Minister* plus ihre Nachfolgerin *Yes Permierminister.* Ich kann sie **immer und immer wieder** sehen und amüsiere mich **immer wieder** über besondere sprachliche Spitzfindigkeiten (wie die unpassenden Metaphern des Ministers) oder die Strategien, mit denen die Beamten ihren Minister „vergewaltigen", während sie annehmen, er merke nichts, was manchmal stimmt, oft aber auch nicht.

Viele Details nimmt man bei einer so reichhaltigen, komplexen Präsentation erst nach mehrmaligem Sehen wahr. Und gewisse Dinge sind **jedesmal** wieder gleich lustig! Da beginnt man bereits vor dem eigentlichen Gag zu lachen! Aber dazwischen müssen eben Pausen liegen. Zur Zeit (des Schreibens) pausiere ich; nach dieser Abstinenz sind diese Videos garantiert wieder einmal „fällig"…

Z wie Zufall oder Zielstellung?

Wie schon FREUD in seiner klassischen Abhandlung über den Witz* (1905) konstatierte: Komik **passiert** (sie stößt uns zu; unterliegt also den Gesetzen des Zufalls), während ein Witz **gemacht** wird! (Es gibt eine Ausnahme: Jemandem einen Streich zu spielen bedeutet: Jemand versucht gezielt herbeizuführen, was normalerweise zufällig passiert.)

Wenn wir einen Witz erzählen, dann fällt dies in die zweite Kategorie, weil wir ja bewußt „etwas machen" (handeln), wobei unser **Ziel** darin besteht, andere zu amüsieren (oder zum Lachen zu bringen).

Lassen Sie mich versuchen, Sie noch ein weiteres Mal in diesem Buch zu amüsieren:

Ein Geschäftsmann hat einen erfolgreichen Abschluß getätigt und will die Geschäftspartner zum Essen einladen, aber diese müssen leider zum Flughafen. Enttäuscht entscheidet er, zur Feier des Tages seine Sekretärin zum Essen auszuführen. Nach dem Essen gehen sie noch in eine Bar und tanzen ein wenig und letztlich landen sie auf einen Kaffee bei ihr...

---

* Sigmund FREUD: *Der Witz und seine Beziehung zum Unterbewußten.*

Stunden später zieht er sich an und sagt: „Ich muß jetzt nach Hause. Hast Du zufällig ein Stück Kreide im Haus?" Sie deutet auf die Anrichte: „Ich glaube, in der oberen Schublade müßte eins sein." Er findet es, bricht ein kleines Stück ab, klemmt es hinter das rechte Ohr und geht.

Daheim wartet schon seine Frau auf ihn: „Wo warst Du? Was hast Du gemacht?" – „Na ja, ich habe heute ein tolles Geschäft abgeschlossen, dann war ich mit meiner Sekretärin essen und tanzen und zum Schluß habe ich sie vernascht."

Sie lacht schallend: „Gib doch nicht so an. Du warst beim Kegeln. Du hast die Kreide ja noch hinterm Ohr."

Damit Sie
was zu
lachen haben...

**Dieses Modul enthält eini-
ge Stories/Witze**, die Ihnen
helfen, sofort mit den Strategien und Techniken dieses
Buch-Seminars anzufangen! So wollen Sie vielleicht

1. **Ihre eigene Witze-Sammlung anlegen,** um
2. täglich mindestens einen Witz zu hören oder zu erzählen
3. Sie können die Witze dieses Moduls auch im Sinne
   des Witze-Roulettes nutzen (S. 157), und Sie können
   hier
4. **erste Witze zum (Wieder-)Lesen finden,** wenn Sie
   sich aufmuntern wollen.

**Viel Spaß wünsche ich Ihnen und all
jenen, mit denen Sie einige dieser
Witze teilen werden.***

---

* Sie finden einige dieser Witze auch unter **www.birkenbihl-insider.de**,
(damit Sie sie gegen andere „eintauschen" können).

1. Ein Elefant passt nicht auf und latscht in einen Ameisenhaufen. So was lassen sich die kleinen Tierchen natürlich nicht gefallen und beschließen, den Elefant zur Sau zu machen. Wie die Wilden stürmen sie auf den Elefanten hinauf. Und als sie alle oben sind, schüttelt sich der Elefant ein bißchen, und schon sind sie wieder unten. Nur einer nicht. Der bleibt dem Elefanten im Nacken. Begeistert brüllen die anderen zu ihm hinauf: „Egon, erwürg ihn!"

2. „Sie haben Ihr Konto um 3000 Mark überzogen!" – „Unmöglich, so viel Geld habe ich gar nicht!"

3. Der Vater klärt seinen Sohn über ökonomische Zusammenhänge auf. „Alles, was selten ist, ist teuer. Diamanten sind selten. Darum sind sie teuer." – „Aber Papa", erwidert der Sohn, „Diamanten, die billig sind, sind doch noch seltener."

4. Rosenthal und Goldberg rauchen zum ersten Mal Haschisch. „Wirkt's bei dir?" fragt Rosenthal. „Ich glaub nicht", sagt Goldberg, halb erleichtert, halb enttäuscht. „Reden wir lieber übers Geschäft", sagt Rosenthal. Goldberg ist einverstanden. „Ich kaufe demnächst General Motors", sagt Rosenthal nach einer Weile. „Ich verkaufe nicht", sagt Goldberg.

5. Am Jahresende: „Chef, ich habe endlich mal einen Gewinn ausgerechnet." – „Ausgezeichnet, dann können wir in der Bilanz also schwarze Zahlen schreiben." – „Schon, aber wir haben keine schwarze Tinte." – „Dann kaufen Sie eben neue!" – „Gut, aber dann brauchen wir sie nicht mehr."

6. Ein Festbankett. Ein Mann tritt ans Mikrophon: „Meine Damen und Herren, ich habe meine Brieftasche mit 800 Mark verloren. Der Finder bekommt eine Belohnung von 50 Mark!" Aus dem Hintergrund eine Stimme: „Ich gebe 75!"

7. Der Mann zum Bankangestellten: „Geben Sie mir mein Scheckbuch, Sie Idiot!" Der Angestellte ist irritiert: „Sie können doch nicht einfach *Idiot* zu mir sagen, mein Herr." Worauf der Mann entgegnet: „Geben Sie mir jetzt mein Scheckbuch, Sie Idiot?" Der Angestellte geht zum Direktor und beschwert sich. Der Direktor ist empört: „Hat der überhaupt ein Konto bei uns?" – „Ja." – „Und wie hoch ist sein Guthaben?" – „20 Millionen Euro." – „Ja dann geben Sie ihm doch das Scheckbuch, Sie Idiot!"

8. Der Großindustrielle muß sich finanziell stark einschränken. „Liebling", wendet er sich an seine Frau, „wenn du ab heute das Kochen und das Saubermachen übernimmst, sparen wir die Köchin und das Zimmermädchen." – „Liebster", erwidert sie,

„und wenn du deine ehelichen Pflichten wieder übernimmst, dann können wir sogar auf den Chauffeur verzichten."

9. „Ihr Sohn hat sich doch neulich um eine Stelle bei der Behörde beworben. Was macht er denn jetzt?" – „Überhaupt nichts, er hat die Stelle bekommen."

10. Chef zum Neuen: „Nehmen Sie sich einen Besen und kehren hier erst mal aus." – „Erlauben Sie mal, ich komme von der Universität!" – „Das ist natürlich was anderes. Dann zeige ich Ihnen erst, wie's gemacht wird."

11. Es war ein tolles Betriebsfest. Als der Mann am nächsten Tag zu Hause aufwacht, erinnert er sich noch vage an einen Streit mit dem Chef. „War da was?" fragt er seine Frau. „Weiß Gott", antwortet sie, „du hast zu ihm gesagt, er könne sich zum Teufel scheren." – „Und dann?" – „Dann hat er dich gefeuert!" – „Er kann mich mal!" – „Siehst du", sagt die Ehefrau, „das habe ich ihm auch gesagt und jetzt hast du deinen Job wieder."

12. Atemlos kommt der Angestellte ins Büro. „Tut mir leid, Chef, ich habe verschlafen." – „Was denn? Zu Hause schlafen Sie auch?"

13. Direktor beim Diktat: „Also, schreiben Sie: Anrede wie immer, übliche Einleitung, dann, Ihr Schreiben vom soundsovielten

haben wir dankend und so weiter. Leider sind wir im Augenblick nicht in der Lage, bla, bla, wir hoffen aber dennoch pipapo. Schluß wie gehabt. Und jetzt lesen Sie mir das Ganze noch einmal vor."

14. In der Herrenabteilung: „Was kostet dieser Anzug?" – „Nur zweihundert Mark." – „So billig? Dann wird er wohl nicht viel wert sein." – „Sie können ihn gerne auch für vierhundert haben."

15. Im Musikalienladen: „Ich möchte die rote Trompete dort und die weiße Harmonika." – „Den Feuerlöscher können Sie haben, aber die Heizung bleibt hier!"

16. „Eine Schweinerei ist das", erregt sich der Mann am Stammtisch. „Gestern habe ich doch im Kaufhaus einen falschen Schein bekommen." – „Donnerwetter! Zeig mal her." – „Kann ich nicht. Ich hab damit beim Tanken bezahlt."

17. Der Weinhändler steht wegen Panscherei vor Gericht. „Herr Vorsitzender, ich bin unschuldig. Das Wasser haben meine Kinder in den Wein getan." Die Kinder werden als Zeugen aufgerufen. „Habt ihr das Wasser in den Wein geschüttet?" – „Ja, beim Spielen." – „Was habt ihr denn gespielt?" – „Weinhändler."

18. „Sie haben sich bei uns als Verkäufer beworben", stellt der Metzger fest. „Können Sie mir sagen, wieviel Gramm ein Kilo hat?" – „Ich glaube, 800." – „Großartig – wann können Sie anfangen?"

19. Frisör: „Möchten Sie die Stirnlocke behalten?" – „Ja, auf jeden Fall!" – „Gut" – schnipp –, „dann packe ich sie Ihnen ein."

20. Der neue Kapitän hält vor seinen Matrosen die Antrittsrede: „Kameraden, dies ist nicht irgendein Schiff, dies ist auch nicht mein Schiff, dies ist unser Schiff!" Stimme aus dem Hintergrund: „Verkaufen wir's!"

21. „Ah, der neue Chauffeur", bemerkt der Generaldirektor. „Wie heißen Sie?" – „Paul, Herr Generaldirektor." – „Entschuldigen Sie, ich rede meine Angestellten niemals mit den Vornamen an. Ihr Zuname?" – „Liebling." – „Also fahren Sie, Paul!"

22. Zwei Psychologen finden am Straßenrand einen bewußtlosen, aus schweren Wunden blutenden Menschen. Sagt der eine zum anderen: „Du, dem, der das getan hat, dem müssen wir helfen."

23. Der Betriebspsychologe zum Bewerber, der eine verantwortungsvolle Position einnehmen soll: „Fällt es Ihnen sehr schwer, Entscheidungen zu treffen?" – „Nun also – ja und nein …"

24. Treffen sich zwei Psychologen. „Du, weißt du, wo's zum Bahnhof geht?" – „Nee, du, tut mir echt leid – aber ich find's gut, daß wir mal drüber geredet haben."

25. Der Agent erkundigt sich beim Zauberkünstler: „Was ist eigentlich aus dem jungen Mädchen geworden, das Sie im vorigen Jahr zersägten?" – „Wir haben uns getrennt. Sie wohnt jetzt in Hamburg und München."

26. „Herr Leutnant, der Gefreite Müller ist ohne Fallschirm abgesprungen!" – „Was – schon wieder?"

27. Der Feldwebel befiehlt dem Rekruten, über den Stacheldraht zu springen. Der Rekrut nimmt einen Anlauf, doch im letzten Moment hat er Angst und stoppt. Feldwebel: „Stellen Sie sich vor, der Feind ist Ihnen auf den Fersen, es gibt nur diesen einen Weg, um in Deckung zu kommen, ich werfe eine Rauchbombe, um Sie eine Minute lang unsichtbar zu machen – und nun springen Sie!" Der Rekrut bleibt stehen, dreht sich zum Feldwebel um und sagt: „Nun stellen Sie sich vor, ich wäre gesprungen!"

28. Walter hat Urlaub von der Kompanie und verbringt zwei herrliche Wochen mit seiner Freundin. Er telegrafiert an den Kompaniechef: „Die Liebe ist wunderbar. Erbitte Verlängerung."

Der Kompaniechef kabelt zurück: „Kommen Sie sofort zurück. Die Liebe ist überall wunderbar. Küßchen, Hauptmann Müller."

29. Die neuen Rekruten sind angetreten. Der Hauptmann wendet sich an einen: „Sagen Se mal, wat waren Se denn im Zivilberuf?" – „Ich habe Philosophie studiert." – „Toll. Da wissen Se sicher, was ne Idee ist'?" – „Ja, Platon verstand unter Ideen die unveränderbaren Urbilder, deren Nachbilder die unvollkommenen irdischen Dinge sind." – „Ausgezeichnet. Dann halten Se Ihr Gewehr gefälligst ne Idee höher."

30. Zwei Männer spielen *Mensch-ärgere-dich-nicht.* „Schach!" sagt der eine und legt den Kreuzbuben auf den Tisch. „Moment mal", sagt der andere, „seit wann gibt's beim Halma einen Elfmeter?"

31. Der Jockey ist als letzter durchs Ziel gegangen. Der Rennstallbesitzer schimpft: „Zum Teufel, Sie hätten bestimmt schneller sein können!" – „Klar", sagt der Jockey, „aber ich mußte ja beim Pferd bleiben."

32. Die Fußball-Nationalmannschaft fliegt zu einem Länderspiel. Hoch über den Wolken beginnen die Kicker, übermütig mit dem Ball im Flugzeug herumzuschießen. Besorgt bittet der Kapitän den Steward, für Ordnung zu sorgen, und tatsächlich ist

es kurze Zeit später ruhig. „Ich werde auch mit hochbezahlten Profis fertig", brüstet sich der Steward vor dem Kapitän, „da könnte sich der Bundestrainer eine Scheibe abschneiden." — „Und wie haben Sie das gemacht?" — „Ganz einfach. Zuerst habe ich mir den Ball geschnappt. Dann habe ich die Tür aufgemacht und den Nationalspielern gesagt, sie möchten doch draußen spielen. Dann war Ruhe!"

33. Drei Jäger gehen durch den deutschen Wald. Die erste hat ein Gewehr und der zweite einen Rucksack. Was hat der dritte? Übergewicht. Jeder Dritte in Deutschland hat Übergewicht.

34. „Guten Tag. Gehört Ihnen der Ferrari vor der Tür?" — „Ja." — „Können Sie mir einen Gefallen tun?" — „Selbstverständlich." — „Gut, dann regen Sie sich jetzt bitte nicht auf."

35. Ein Mann wird von einem Auto angefahren und fällt hin. Fragt der Fahrer durch das heruntergekurbelte Fenster: „San's hingefallen?" — „Na", sagt der Mann, „ich geh immer so über die Straße."

36. Ein Autofahrer hat einen Hahn überfahren. „Ich ersetze Ihnen natürlich den Hahn", sagt er zum Bauern. Der antwortet: „Ich glaube nicht, daß Sie das wirklich können."

37. Der Polizist stoppt einen Raser: „Haben Sie das Schild mit der Geschwindigkeitsbegrenzung nicht gelesen?" – „Lesen? Bei diesem Tempo?"

38. Wie beschäftigt man einen Mantafahrer den ganzen Tag? Man gibt ihm einen Zettel, auf dem auf jeder Seite „Bitte wenden" steht.

39. Wie kann man den Wert eines Trabi verdoppeln? Auftanken.

40. Ein Trabi hat eine Panne auf der Autobahn. Ein Porschefahrer ist so freundlich, ihn abzuschleppen. Sie vereinbaren, daß, wenn der Porsche zu schnell fährt, der Trabifahrer auf Hupe und Lichthupe drückt. Gemächlich zuckeln die beiden über die Autobahn Richtung nächste Tankstelle – bis der Porsche plötzlich von einem Jaguar überholt wird. Schlagartig vergißt der Porschefahrer den Trabi im Schlepptau, dreht auf und rast mit Vollgas hinter dem Jaguar her. Verzweifelt gibt der Trabi-Fahrer Signale. So rasen sie auch an der Tankstelle vorbei. Der Tankwart greift zum Telefon und ruft seinen Kollegen: „Du, so etwas hast du noch nicht gesehen. Erst rauscht ein Jaguar an dir vorbei, den versucht ein Porsche zu überholen, und hinter den beiden drängelt ein Trabi, der mit Hupe und Lichthupe versucht, sich freie Bahn zu verschaffen!"

41. Im Kurpark: „Als ich hier ankam, konnte ich weder sprechen noch laufen, und Haare hatte ich auch keine." − „Und seit wann sind Sie hier?" − „Seit meiner Geburt."

42. „Entschuldigung, wissen Sie den Weg zum Rathaus?" − „Nein, leider nicht." − „Da müssen Sie die erste Straße rechts gehen und dann die nächste wieder links, und dann sehen Sie es schon."

43. Dame zum Empfangschef des Hotels: „Ist mein Mann schon eingetroffen?" − „Ihr Name, gnädige Frau?" − „Siebert oder Sabert oder so ähnlich."

44. Die Pensionswirtin, während sie dem Gast den Morgenkaffee eingießt: „Sieht nach Regen aus." Der Gast: „Aber wenn man dann genau hinschaut, ist es doch Kaffee."

45. Er zu ihr im Urlaubshotel: „Der Kaffee schmeckt heute nach Spülwasser." − „Du leidest wohl an Geschmacksverirrung", versetzt sie, „das ist Tee." Die Kellnerin tritt an den Tisch: „Möchten Sie noch eine Tasse Kakao?"

46. Nach endlosem Aufenthalt setzt sich der Zug wieder in Bewegung. „Fahren wir wieder?" fragt einer nach einem Blick aus dem Fenster. „Nee − die Telegraphenmasten ziehen draußen vorbei!"

47. Im Reisebüro. „Buchen Sie für uns eine Reise durch die ärmsten Länder der Welt! Der Preis spielt keine Rolle."

48. Ein Österreicher macht Urlaub in Italien. Im Hotel sitzt ihm beim Mittagessen immer ein Italiener gegenüber. Vor dem Essen ruft der Italiener dem Österreicher freundlich zu: „Buon appetito." Der Österreicher springt auf und ruft: „Mutzenbacher, Pepi." So geht das ein paar Tage lang. Jedesmal, wenn der Italiener „Buon appetito" sagt, springt der Österreicher auf und sagt: „Mutzenbacher, Pepi." Eines Abends trifft der Österreicher seinen Freund. Der fragt ihn, wie ihm der Urlaub gefällt, und er schwärmt: „Herrlich. Und die Italiener sind so freundlich! Da treffe ich zum Beispiel jeden Tag beim Mittagessen einen, der sich jedesmal bei mir vorstellt." Sagt der andere: „Wieso, was sagt er denn?" „Buon appetito." „Ah geh, du bist ja deppert. 'Buon appetito' heißt doch 'Guten Appetit'." Am nächsten Tag beim Mittagessen sitzt der Österreicher dem Italiener wieder gegenüber. Der Österreicher spring auf und ruft: „Buon appetito." Steht der Italiener auf und strahlt: „Mutzenbacher, Pepi!"

49. „Bei uns nimmt man die Gabel in die linke Hand und das Messer in die rechte", sagt eine konsternierte Dame aus Norddeutschland in einem bayrischen Gasthof zu ihrem einheimischen Tischnachbarn, der sein Hähnchen mit den Händen ißt.

Fragt der Bayer verwundert zurück: „Und womit eßt ihr dann das Hendl?"

50. Der Pauschaltourist bekommt zum Frühstück einen winzigen Klecks Honig. „Ach, wie ist das möglich", fragt er die Serviererin, „eine Biene haben Sie auch?"

51. „Herr Ober, probieren Sie mal die Suppe." – „Ist sie nicht gut?" – „Probieren Sie mal." – „Ich bringe Ihnen eine neue." – „Sie sollen probieren." – „Hier ist die Speisekarte. Wählen Sie etwas anderes." – „Probieren Sie!" Der Ober gibt auf, setzt sich an den Tisch und sagt: „Wo ist der Löffel?" – Der Gast: „Eben!"

52. „Herr Ober, da ist eine Nadel in meiner Suppe." – „Verzeihen Sie, ein Druckfehler in der Speisekarte. Es soll Nudel heißen."

53. „Herr Ober, in der Suppe schwimmt ein Hörgerät!" – „H-hä?"

54. Der norddeutsche Tourist sitzt nach zwei Stunden noch immer bei derselben Maß, während sein bayrisches Gegenüber schon die fünfte bestellt. „Es geht mich ja nichts an", sagt der Fremde höflich, „aber ich werde es nie begreifen, wie man in der kurzen Zeit so viel Bier in sich hineinschütten kann! Nehmen Sie sich ein Beispiel an mir. Ich trinke prinzipiell nur dann, wenn ich Durst habe." Da schüttelt der Bayer den Kopf: „Wie die Viecher!"

55. Drei Bayern sitzen am Wirthaustisch. Ein Fremder kommt und sagt: „Gestatten?" Die drei tun, als hätten sie nichts gehört. Er setzt sich trotzdem hin. Die anderen stieren grantig in ihre Maßkrüge. „Sehr gemütlich ist es hier!" sagt der Fremde. Die drei sind taub und stumm. Als sie dann einmal trinken wollen, hebt er sein Glas und sagt: „Prost!" Daraufhin trinken sie nicht, sondern stellen ihre Krüge wieder auf den Tisch. Sie rücken noch enger zusammen und noch weiter von ihm weg. Da kommt eine Sammlerin von der Caritas. Der Fremde wirft vier Mark in die Büchse. Dann hält sie die Büchse den Bayern hin. Jetzt schaun alle drei auf. Einer fährt mit dem Finger im Kreis herum und sagt: „Wir gehören zusammen!"

56. Ein Mann betritt die Eckkneipe. „Schnell eine Runde Bier, ehe es losgeht!" Nach zehn Minuten: „Noch eine Runde Bier, ehe es losgeht!" Der Wirt: „Können Sie überhaupt zahlen?" Der Gast: „Ich glaube, jetzt geht es los."

57. Ober: „Ihr Glas ist leer, mein Herr, wollen Sie noch eins?" – „Was soll ich mit zwei leeren Gläsern?"

58. Eine Kuh kommt in die Dorfkneipe und bestellt einen Korn. „Was bin ich schuldig?" – „Fünf Mark", sagt der Wirt und schluckt: „Also – eine Kuh habe ich noch nie bedient." Die Kuh: „Wird bei den Preisen auch das letzte Mal gewesen sein."

59. „Wie bekommt man eine Kuh in den Kühlschrank?" – „Keine Ahnung." – „Tür auf, Kuh rein, Tür zu! Und wie bekommt man ein Pferd in den Kühlschrank?" – „Tür auf, Pferd rein, Tür zu." „Falsch! Tür auf, Kuh raus, Pferd rein, Tür zu!"

60. Zwei Kühe liegen auf der Weide. Die eine sagt: „Muh." Die andere: „Das wollte ich auch gerade sagen."

61. Zwei Tauben haben ein Stelldichein auf dem Dach der Domkirche verabredet. Die eine wartet und wartet, die andere kommt und kommt nicht. Endlich erscheint sie, ganz außer Atem. „Entschuldige bitte, aber der Abend war so schön – da bin ich zu Fuß gegangen."

62. Häschen kommt zum Apotheker: „Hattu Möhren?" Apotheker: „Ja!" Häschen: „Hattu ganzen Witz versaut."

63. Treffen sich zwei Tiere im Wald. Fragt das eine: „Was bist 'n du für ein Tier?" – „Ich bin ein Wolfshund. Meine Mutter war ein Hund und mein Vater war ein Wolf." – „Ah ja." – „Und du, was bist du für eins?" – „Ich bin ein Ameisenbär." – „Das glaube ich nicht!"*

---

* Groteske, surrealistische Tierwitze wie dieser und die vorangegangenen waren in den fünfziger Jahren eine aus England und den USA gekommene Mode. Vorläufer reichen bis in die zwanziger Jahre.

64. Ehefrau auf dem Heimweg von einer Party zu ihrem Mann: „Du hast heute abend ja wieder einen Blödsinn geredet. Hoffentlich hat keiner gemerkt, daß du gar nicht betrunken warst!"

65. „Ich fordere Sie zum Duell. Sie nannten mich eine Laus! Wählen Sie die Waffen!" – „Insektenspray!"

66. Zwei alte Männer sitzen auf der Bank. Sagt der eine: „Ja, ja." Sieben Minuten später sagt der andere: „Ja, ja." Ein dritter setzt sich dazu und sagt: „Ja, ja, ja." Sagt der erste zum zweiten: „Laß uns gehn, der redet zu viel."

67. Ein Mann steht im Pissoir. Er muß niesen. Dabei fällt ihm die Brille runter. Er bückt sich, um sie aufzuheben, dabei läßt er einen fahren. Staunend beobachtet das ein Nebenmann: „Und mit den Ohren können sie gar nichts?"

68. „Kläuschen, jetzt bist du doch tatsächlich mit der neuen Hose in den Dreck gefallen", schimpft die Mutter. „Ja, Mama, ich wollte sie noch beim Hinfallen ausziehen, aber das habe ich nicht mehr geschafft."

69. Er kommt zu früh nach Hause. Seine Frau hat gerade noch Zeit, ihren Liebhaber zu verstecken. Erstaunt fragt der Mann: „Warum läufst du denn nackt in der Wohnung rum?" – „Ach,

ich habe wirklich kein vernünftiges Kleid mehr anzuziehen." –
„Was?!" ruft der Ehemann, rast ins Schlafzimmer und öffnet
den Kleiderschrank: "Hier, bitte: ein gelbes, ein grünes, ein
blaues, drei Hosenanzüge, fünf Abendkleider, guten Tag Heinz,
drei Reisekostüme, zwei Cocktailkleider…"

70. „Unerhört", sagt die Frau im Kino zu ihrem Begleiter, „da
vorn sitzt mein Mann mit einer Blondine im Arm, während ich
meine kranke Mutter besuche."

71. Das junge Paar sitzt in einem vornehmen französischen Re-
staurant. Plötzlich kommt der Garçon und sagt zu der Frau:
„Pardon, Madame, ist es Ihrer Aufmerksamkeit entgangen, daß
Ihr Gatte soeben unter den Tisch gerutscht ist?" Sie schüttelt den
Kopf: „Sie irren. Mein Gatte ist soeben durch die Tür hereinge-
kommen."

72. „Kommt eine Frau zum Arzt …" – „Nee, nicht immer Witze vom Arzt." – „Gut. Kennst du den? Die Frau des Arztes bekommt ein Kind …" – „Ich sagte doch: **nicht** vom Arzt!"
„Eben."

73. Es ist Sommer. Drei Damen gehen in der Anlage ihres Tennis-
klubs spazieren. Plötzlich entdecken sie einen Mann, der nackt
im Gras liegt, und nur noch schnell sein Gesicht bedecken kann.

Da sagt die eine Dame: „Im ersten Augenblick dachte ich, es sei mein Mann." – „Das hätte ich dir gleich sagen können, daß er das nicht ist", sagt die zweite. Und die dritte: „Der ist überhaupt nicht aus unserem Tennisklub."

74. Im Dunkel des Kinos ertönt eine Frauenstimme: „Nehmen Sie Ihre Hand weg, mein Herr." Eine Sekunde vergeht, dann hört man dieselbe Stimme: „Nein, nicht Sie! … Sie."

75. Dame im Café: „Sie glauben doch wohl nicht ernsthaft, daß Sie mich mit einer Tasse Kaffee erobern können?!"– „Herr Ober, ein Kännchen!"

76. Er: „Habe ich dir sehr gefehlt, als ich letzte Woche weg war?" Sie: „Ach, du warst weg?"

77. „Junge Frau, würden Sie mit einem wildfremden Kerl ins Bett hüpfen?" – „Niemals, alter Freund."

78. Ein sehr schüchterner junger Mann wird von einem bildhübschen Mädchen zum Tanzen geholt. Nach langem Schweigen versucht sie, ein Gespräch in Gang zu bringen: „Ich heiße Christine. Und du?" – „Ich nicht", sagt der junge Mann und wird dunkelrot.

79. Ein bekannter Homosexueller, ein alter Herr jetzt, sieht ein entzückendes Mädchen vorübergehen. Er blickt ihr nach und seufzt: „Lesbierin sollte man sein!"

80. Ein Callgirl-Ring ist aufgeflogen, und die Damen stehen vor dem Richter. „Was sind Sie?" fragt er die erste. „Mannequin", antwortet sie kühl. „Und Sie?" fragt er die zweite. „Manne-quin." Bei der dritten ist er schon gespannt, was sie antworten wird. „Callgirl!" – „Und wie geht das Geschäft?" fragt der verblüffte Richter. Das Mädchen winkt ab. „Ganz schlecht – bei der Konkurrenz dieser Mannequins!"

81. Zwei Achtzigjährige unterhalten sich über das Eine. „Bei mir geht es noch zweimal ..." – „Zweimal?" – „Nun – einmal im Sommer und einmal im Winter." – „Aha. Und wie war es letzten Sommer?" – „Hatten wir denn überhaupt einen?"

82. Nach langer Abwesenheit geht der alte Lord wieder in seinen Club. Die großen Räume sind wie ausgestorben. Einsam und ziemlich mürrisch starrt ein älterer Herr, der in der Halle sitzt, vor sich hin. Der Eintretende geht nach kurzem Zögern auf ihn zu und sagt höflich. „Entschuldigen Sie, mein Herr, wenn ich störe. Würden Sie wohl ein Glas mit mir trinken?" Der ältere Herr antwortet ziemlich abweisend: „Trinke nicht. Einmal versucht. Scheußlich gefunden." – „Gut, dann schlage ich vor, daß wir eine Zigarre zusammen rauchen." – „Rauche nicht. Einmal versucht. Schleußlich gefunden." Das Schweigen lastet zwischen den beiden. Schließlich faßt sich der Lord nochmal ein Herz und fragt: „Oder hätten Sie vielleicht Lust zu einer Partie Billard?" – „Spiele nicht. Einmal versucht. Scheußlich gefunden. Aber mein Sohn kommt gleich. Der spielt." – „Ihr einziger Sohn vermutlich?"

83. Der Entwicklungshelfer im fernen Afrika erhält von seiner Verlobten ein Telegramm: „Liebling – stop – konnte nicht länger warten – stop – habe deinen Vater geheiratet – stop – herzliche Grüße – stop – Mutti."

84. Er zu ihr am Morgen nach der Hochzeitsnacht: „Was magst du zum Frühstück, Liebling?" – „Du weißt doch, was ich mag." – „Ja, aber du mußt auch mal was essen."

85. „Also, ich verstehe nicht, daß du dir das von deiner Frau gefallen läßt! Den ganzen Abend hat sie dich fertig gemacht!" – „Und? Hast du nicht gesehen, wie frech ich unterm Tisch hervorgeschaut habe?"

86. „Liebling," ruft die Ehefrau entzückt und bleibt vor dem Schaufenster mit dem teuren Hut stehen, „diesen Hut oder keinen." „Gut", sagt er, „keinen."

87. Frau Bowinkelmann hat ihren Sprößling an diesem Abend schon fünfmal ins Bett gesteckt, aber immer wieder ertönt seine Stimme: „Mami!" Mit ihrer Geduld am Ende, ruft sie: „Wenn du noch einmal ‚Mami' rufst, kannst du was erleben!" Fünf Minuten später ertönt eine Stimme aus dem Kinderzimmer: „Frau Bowinkelmann, kann ich etwas zu trinken haben?"

88. Zwei Nachbarinnen: „Wir werden bald in einer schöneren Gegend wohnen." — „Und wir in einer ruhigeren." — „Oh, Sie ziehen auch um?" — „Nein, wir bleiben!"

89. „Nun, schauen Sie sich bloß mal diese Type dort an. Lange Haare, Zigarette im Mund, ausgefranste Hosen — ist das nun ein Junge oder ein Mädchen?" — „Das ist meine Tochter." — „Oh, Entschuldigung, ich wußte nicht, daß sie die Mutter sind." — „Ich bin der Vater."

90. „Hör mal, Erich, deine Frau hat dich in aller Öffentlichkeit einen Bigamisten geschimpft." — „Ha! Welche?"

91. Der Ehemann sitzt beim Frühstück, in seine Zeitung vertieft. „Aber Horst", ruft die Ehefrau plötzlich, „mußt du heute gar nicht ins Büro?" — „Oh!" fährt der erschreckt auf. „Ich dachte die ganze Zeit, ich sei schon dort."

92. „Da hört sich doch alles auf", ruft der Vater, als der sechzehnjährige Sohn mit brennender Zigarette im Mundwinkel das Zimmer betritt. „Als ich in diesem Alter war, habe ich nicht gewagt, meinem Vater mit einer brennenden Zigarette unter die Augen zu treten!" – „Ja, du", entgegnet der Sohn, „du hast ja auch Respekt vor deinem Vater gehabt!"

93. „Sagen Sie mal, die ganze Woche sitzen Sie in der Kneipe, warum nicht auch am Sonntag?" – „Der Sonntag gehört meiner Familie. Da sitze ich vor dem Fernseher."

94. Zwanzig Jahre sind sie verheiratet. Jetzt wollen sie sich scheiden lassen. „Hör mal", sagt der Mann, „jetzt, wo wir uns trennen, möchte ich dich etwas fragen. Unsere ersten drei Kinder haben dunkle Haare und braune Augen, Thomas aber ist blond und hat blaue Augen. Sag ehrlich: „Wer ist der Vater von Thomas?" – „Also gut: Du."

95. Der Missionar sieht sich plötzlich von einem Rudel Löwen umzingelt. An ein Entkommen ist nicht zu denken. Da fällt er auf die Knie, schließt die Augen und betet: „O Herr, verschone mich und gib mir ein Zeichen deiner Gnade! Befiehl diesen Löwen, sich wie echte Christen zu verhalten!" Als er wieder aufblickt, sitzen die Löwen im Kreis um ihm herum, haben die Pfo-

ten gefaltet und beten laut: „Komm, Herr Jesus, sei unser Gast und segne, was du uns bescheret hast."

96. Ein Yeti zum anderen: „Du, ich treff mich mit Reinhold Messner." – „Was, den gibt's wirklich?"

97. Lehrer: „Wieviel ist vier mal vier?" – „Sechzehn." – „Gut." – „Gut? Das ist perfekt."

98. „Bitte, Herr Lehrer, was heißt das, was Sie unter meinen Aufsatz geschrieben haben?" – „Mangelhaft wegen unleserlicher Schrift!"

99. Zwei Bekannte fahren mit der Eisenbahn. „Ich habe eine Idee, wie wir uns die Zeit vertreiben können", sagt der eine. „Wir geben einander Rätsel auf, und wer eines nicht errät, muß dem andern zehn Mark zahlen." – „Aber das wäre nicht fair", wendet der andere ein, „du hast doch viel mehr Geld als ich. Sagen wir also: Wenn du verlierst, gibst du mir zehn Mark, wenn ich verliere, gebe ich dir eine Mark." – „Abgemacht. Sag das erste Rätsel." – „Also: Wenn es läuft, hat es vier, wenn es geht, hat es drei, wenn es steht, hat es zwei, und wenn es sitzt, hat es nur eins; was ist das?" – „Weiß ich nicht." – „Versuch's." – „Ich komm nicht drauf. Hier sind deine zehn Mark. Wie lautet die Lösung?" – „Weiß ich auch nicht. Hier hast du eine Mark."

100. Der Quizmaster fragt den Kandidaten: „Was ist der Unterschied?" – „Zwischen was?" – „Tja, helfen darf ich Ihnen leider
nicht."

101. „Kannst du mir erklären, was *Dialektik* ist?" – „Aber ja,
paß auf: Zwei Reisende kommen in eine Herberge. Der eine ist
sauber, der andere ist schmutzig. Welcher von ihnen wird sich
also waschen?" – „Natürlich der Schmutzige." – „Nein, der
Saubere, denn er ist an Sauberkeit gewöhnt. Also noch einmal:
Zwei Reisende kommen in eine Herberge. Der eine ist sauber,
der andere ist schmutzig. Welcher wird sich also waschen?" –
„Der Saubere!" – „Nein, der Schmutzige, denn der Schmutzige
hat es nötig. Der Saubere ist ja ohnehin sauber. Noch mal: Zwei
Reisende kommen in eine Herberge. Der eine ist sauber, der
andere ist schmutzig. Welcher wird sich waschen?" – „Keiner."
– „Nein, beide. Denn der Saubere ist an die Sauberkeit gewöhnt, und der Schmutzige hat es nötig. Noch mal: Zwei Reisende kommen in eine Herberge. Der eine ist sauber, der andere ist schmutzig. Wer wäscht sich?" – „Beide!" – „Nein, keiner!
Der Saubere ist ohnehin sauber, und dem Schmutzigen ist nicht
das Bedürfnis nach Sauberkeit erweckt worden. Verstehst du
jetzt was Dialektik ist?"

102. „Stell dir vor, wir hatten heute vier Stunden Englisch." –
„Was soll's? Die Engländer haben das den ganzen Tag."

103. „Freut mich, Sie zu sehen. Wie geht es Ihrem Mann?" – „Ich bin nicht verheiratet, Herr Professor." – „So, so. Dann ist Ihr Gatte also noch Junggeselle?"

104. „Herr Professor, Ihr Schirm ist gefunden worden. Er ist im Fundbüro." – „Komisch, da bin ich in der letzten Zeit überhaupt nicht gewesen."

105. Gebückt und stöhnend kommt der Professor heim: „Hol sofort einen Arzt, ich kann mich nicht mehr aufrichten!" Der Arzt kommt, sieht sich den gekrümmten Professor an und meint: „In erster Linie rate ich Ihnen, den obersten Hosenknopf aus dem dritten Knopfloch Ihrer Weste zu lösen."

106. Während der Aufführung der „Räuber" unterhält sich ein Besucher ziemlich laut mit seiner Frau. Sein Nachbar beschwert sich: „Seien Sie doch endlich still, man kann ja kein Wort von der Bühne verstehen." Ein vernichtender Blick trifft ihn: „Ein gebildeter Mensch kennt die ‚Räuber'!"

107. Das Provinztheater hat einen Heldentenor. Er singt wirklich nicht gut, trotzdem jubelt ihm das Publikum frenetisch zu und fordert eine Zugabe nach der andern. Der Tenor ist bereits heiser und krächzt nur noch, aber die Zuschauer klatschen weiter. Da sagt ein Fremder zu seinem applaudierenden Nebenmann: „Sagen Sie, finden Sie den Sänger wirklich so gut?" – „Nein, aber heute machen wir ihn fertig."

108. Das Ehepaar ist im Konzert. Mitten in der Sinfonie stößt sie ihn an und flüstert: „Stell dir vor, mein Nachbar schläft!" – „Und deswegen weckst du mich?"

109. Mann zur berühmten Autorin: „Ich habe Sie mir ganz anders vorgestellt." – „So, wie denn? Etwa alt und häßlich?" – „Nein, im Gegenteil."

110. Der Pfarrer predigt über die zehn Gebote. Bei dem Satz „Du sollst nicht stehlen" sieht er, wie ein Mann in der ersten Reihe zusammenzuckt. Er wirkt auch weiterhin unruhig, bis der Pfarrer zu dem Gebot kommt: „Du sollst nicht ehebrechen." Da lächelt der Mann, lehnt sich bequem zurück und lauscht wieder andächtig der Predigt. Nach dem Gottesdienst fragt ihn der Pfarrer nach dem Grund. „Sehen Sie, Herr Pfarrer", sagt der Mann mit verlegenem Lächeln. „Als Sie sagten: ‚Du sollst nicht stehlen', fiel mir plötzlich auf, daß mein Regenschirm verschwunden war. Als Sie aber sagten: ‚Du sollst nicht ehebrechen' – da fiel mir ein, wo ich ihn stehengelassen hatte."

111. Die Äbtissin empfängt eine Frau, deren Tochter in den Orden eintreten will. „Sie wollen also Ihre Tochter dem Herrn weihen. Wieviel Vermögen können Sie ihr mitgeben?" – „Wir besitzen leider nicht viel." – „Sie haben kein Vermögen? Wozu soll sie dann überhaupt das Gelübde der Armut ablegen?"

112. Ein Sommergast fragt den Dorfpfarrer, ob seine kleine Kirche alle Mitglieder der Gemeinde fassen könnte. „Das will ich meinen", antwortet der Pfarrer. „Wenn alle reingehen würden, würden natürlich nicht alle reingehen. Aber wenn nicht alle reingehen, dann gehen alle rein."

113. In der Kirche wird das Chorgestühl repariert. Gerade als der Bischof den Stand der Arbeit begutachten will, haut sich ein Arbeiter mit dem Hammer auf den Daumen und flucht: „Himmelherrgottsakrakruzitürken!" Da rügt ihn der Bischof: „Das gefällt mir gar nicht, daß du so sündhaft fluchst! Warum sagst du nicht schlicht und einfach ‚Scheiße!'"

114. Weihnachten ist die Kirche so überfüllt, daß manche stehen müssen. Als der Pfarrer seine Predigt beendet hat, fügt er mit versöhnlichem Lächeln hinzu: „Viele von euch werde ich sicher erst nächste Weihnachten wiedersehen. Darum wünsche ich schon heute: Fröhliche Ostern!"

115. Religionslehrer: „Was müssen wir als erstes tun, damit uns unsere Sünden vergeben werden können?" Schüler: „Sündigen!"

116. „Warst du heute in der Kirche?" – „Ja." – „Hast du die Predigt gehört?" – „Ja." – „Worüber sprach der Pastor?" –

„Über die Sünde." – „Und was hat er gesagt?" – „Er war dagegen."

117. Eine Flutkatastrophe sucht die Stadt heim. Das Wasser steigt unaufhaltsam, und die Menschen fliehen. Ein sehr frommer Bürger sitzt an einem Fenster seines Hauses, und als ein Boot vorbeikommt, ruft er: „Fahrt ruhig weiter! Gott wird mich schon retten!" Als das Wasser weiter steigt, wird ein Rettungsboot losgeschickt, um nach Überlebenden zu suchen. Der fromme Bürger sitzt jetzt am Fenster des zweiten Stocks und ruft dem Boot zu: „Gott wird mich schon retten, fahrt weiter!" Das Wasser erreicht die Hausdächer, und man beschließt, einen Hubschrauber zu schicken, um den Mann zu holen. Als der Hubschrauber auf das Haus zufliegt, steht der Mann auf dem Dach, winkt und ruft: „Macht euch keine Sorgen, Gott wird mich schon retten!" Das Wasser steigt weiter, der Mann ertrinkt, kommt in den Himmel und beklagt sich bei Gott: „Warum hast du mich nicht gerettet?" Gott sieht ihn verwundert an und fragt: „Sind die beiden Boote und der Hubschrauber nicht angekommen?"

118. Petrus und der liebe Gott spielen Golf. Der Ball, den der liebe Gott geschlagen hat, bleibt kurz vor dem Loch liegen. Da kriecht aus dem Loch eine Schlange und verschluckt den Ball. Das sieht eine Katze, packt die Schlange und frißt sie. In diesem

Augenblick stürzt ein Adler vom Himmel herab, greift die Katze und steigt wieder in die Höhe. Oben braut sich ein Gewitter zusammen, aus den Wolken zuckt ein Blitz und trifft den Adler und so fällt schließlich der Adler samt Katze, Schlange, und Ball genau in das Golfloch. Sagt Petrus zum lieben Gott: „Spielen wir nun Golf oder willst du Quatsch machen?"

119. Was ist der Unterschied zwischen einem evangelischen und einem katholischen Pfarrer? Beim evangelischen Pfarrer hängen die Windeln im Pfarrgarten; beim katholischen im ganzen Dorf.

120. Ein Jesuit und ein evangelischer Pastor disputieren über die Vorzüge ihrer Bekenntnisse. Nach einiger Zeit sagt der Jesuit: „Lassen wir doch den unnützen Streit. Schließlich arbeiten wir beide für denselben Herrn, Sie auf Ihre Weise und ich auf seine."

PS: Beim Thema dieses Buch-Seminars werden Sie sehr schnell Mitspieler und Mitspielerinnen finden, mit denen Sie gemeinsam die Strategie des täglichen Witzes in die Tat umsetzen können. Gerade diese Strategie hat unter den ersten Seminarteilnehmer/innen und Leser/innen meines Coaching-Briefes (**www.birkenbihlbrief.de**) schon ein Riesen-Echo ausgelöst und weite Kreise gezogen. Wenn Sie Lust haben, den vielen „Birkenbihl-Insidern" Ihre Lieblingswitze ins „Stammbuch" zu schreiben, dann machen Sie doch bitte bei uns (das Paßwort ist „marhaba"): **www.birkenbihl-insider.de**. Sie wissen ja: Freude ist eine Energieform, die umso mehr wird, je mehr Sie davon nutzen!

Anhang I
Merkblätter

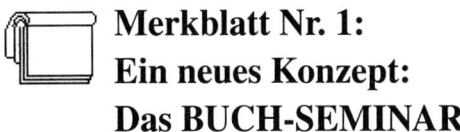 **Merkblatt Nr. 1:**
Ein neues Konzept:
Das BUCH-SEMINAR

Mit meinem ersten Seminar in Taschenbuchform *(Der Birkenbihl POWER-Tag*)* schrieb ich ein Buch, das weitgehend mit einem spezifischen Seminar-Typ übereinstimmt. Auch das vorliegende Buch-Seminar kann 100% als vollständiges Seminar genutzt werden. Sie entscheiden natürlich, ob Sie das Buch in dieser Weise nutzen wollen. Es gibt mehrere Gründe, einige meiner Seminare in Buchform anzubieten:

1. Viele meiner Veranstaltungen haben zwei Jahre „Vorlauf" und/oder sind schon im Vorfeld ausverkauft, so daß viele Interessenten auf Wartelisten „landen". Mit einem Seminar-Buch **sind Sie zeitlich unabhängig**, Sie können sofort mitmachen, nicht irgendwann einmal.

---

* der nach wenigen Wochen in die 2. Auflage und bereits 7 Monate später in die 4. Auflage ging. Themenkomplexe: Viel Gedächtnis plus etwas Kommunikation und vor allem 15 praktische Strategien gegen Distreß, Frust, Ärger und für Erfolg.

2. Da ich ein ziemlich großes Spektrum abdecke (vgl. Buchrücken) gibt es die meisten Seminar-Typen pro Jahr nur ein- oder zweimal und vielleicht in einer Stadt, die für Sie zu weit entfernt ist. Mit dem Buch-Seminar **sind Sie geografisch unabhängig**; übrigens auch wortwörtlich räumlich: Sie können auf der Terrasse oder in der Badewanne sitzen, das ermöglichen nur wenige Seminare.

3. Ich gehöre zu den Top 10% erfolgreicher (d. h. aber auch hochpreisiger) Trainer. Zwar mache ich jedes Jahr auch Veranstaltungen für kleinere Geldbeutel (vgl. **www.birkenbihl-insider.de**). Mit dem Buch-Seminar **sind Sie jedoch zeitlich und finanziell unabhängig**, denn Sie besuchen Ihr Seminar zum Preis eines Taschenbuches!

Es ist natürlich Ihre Wahl, aber falls Sie diesem Text einen ähnlichen Nutzen wie in einem Seminar entnehmen wollen, dann sollten Sie aktiv mitmachen. Deshalb finden Sie zahlreiche „Aufgaben" und Strategien.

Merkblatt Nr. 2:
Inneres Jogging

Folgende Köperteile sind beim Lachen direkt betroffen (angesprochen, einbezogen, bewegt, gereizt):

- **Arterieller Druck** (verringert sich)
- **ATEM-Bewegungen**
- **Atemkapazität** (bedeutend erhöht)
- **Atemmuskulatur**
- **Augen** (zukneifen und Tränen)
- **Augenlider**
- **Bauchspeicheldrüse**
- **Bronchien**
- **Ein- und Ausatmen**
- **Fettstoffwechsel**
- **Gallenwege**
- **Gasaustausch** (erhöhter, in der Lunge)
- **Gesichtsmuskeln**
- **Herzrhythmus** (erhöht sich zunächst, sinkt später dauerhaft ab)
- **Kehlkopf**
- **Körper, ganzer** (oft förmlich nach hinten geworfen)
- **Kopf**
- **Leber**
- **Lippen**

● **Lunge**

● **Mund** (kann sich *nicht* weit öffnen, vgl. auch S. 27)

● **Muskulatur, gesamte** (inkl. der unwillkürlichen)

● **Schläfen**(-Muskulatur)

● **Skelettmuskulatur** (willkürliche)

● **Stimmbänder**

● **Stirn**

● **Tränenenfluß**

● **Unterkiefer**

● **Venen** (weiten sich)

● **Verdauung**

● **Zwerchfell** (Senkung des, führt zur Massage innerer Organe)

Merkblatt Nr. 3:
KOESTLER

HAHA	AHA	AH …
Komischer Vergleich	Verborgene Analogie	Metapher
Karikatur	Diagramm	Stilisierung
Darstellung	Einfühlung	Illusion
Wortwitz	Wortspiel	Reim
Kollision	Synthese	Konfrontation
Koinzidenz	Zufallsentdeckung	Deus ex machina
SELBSTBEHAUPTEND	<- - - - - - - - - - - ->	SELBSTTRANSZENDIEREND

Die drei Bereiche der Kreativität

So sieht das komplette Schaubild aus. Details entneh-men Sie bitte dem hervorragenden Buch:

KOESTLER, Arthur: *Der Mensch – Irrläufer der Evo-lution. Die Kluft zwischen unserem Denken und Han-deln – eine Anatomie menschlicher Vernunft und Unver-nunft.*

Überhaupt finde ich alle KOESTLER-Bücher großartig. Was dieser eine Mann an gigantischen Einsichten zu verschiedensten Lebensbereichen anzubieten hatte, ist unglaublich!

Merkblatt Nr. 4:
Die Geheimschrift

1. A = ●	10. J = ◯	19. S = ⚡
2. B = ⊏	11. K = ⌢	20. T = ⟋
3. C = ⊖	12. L = ⊂	21. U = ∟
4. D = ⊡	13. M = ⊃	22. V = ♂
5. E = ☓	14. N = ⟋	23. W = ◯
6. F = ⌓	15. O = ⌐	24. X = ⌐
7. G = ⟋	16. P = ∈	25. Y = ⌡
8. H = ⟆	17. Q = ⊏	26. Z = ▦
9. I = ⟨	18. R = ✳	ä, ö, ü =

☙ ⌐ Ϲ

Umlaute: Ä = ☙ , Ö = ⌐ und Ϲ = ü – **Ziffern** bleiben gleich:
1, 2, 3 …

Merkblatt Nr. 5: Mögliche Auflösungen zu den Witzen im Kapitel: *Generieren Sie Ihre Witze doch selber!*

Damit Sie diese Lösungen erst lesen, wenn Sie sich bewußt dazu entscheiden, stehen diese Texte Kopf.

1. Pointen erfinden (zu Seite 86ff.)

1. Beispiel: Schlaf…

Die Krankenschwester versucht verzweifelt, einen Patienten aufzuwecken, als die Chefschwester vorbeikommt: „Was machen Sie denn da?" Die Schwester: „Ich muss ihn unbedingt wachkriegen, denn er hat vergessen, seine Schlaftabletten zu nehmen!"

2. Beispiel: Waidmannsheil!

Der alte Jagdherr geht nach beendeter Pirsch ins Wirtshaus und trifft den Dorfdoktor. „Wissen Sie schon, was ich heute erlegt habe?" ruft er. Dieser aber winkt ab: „Ganz genau, war schon bei mir in Behandlung."

Der kleine Köbi ist im Ferienlager und schreibt an seine Eltern in Zürich: „Liebe Mami, lieber Papa, das Wetter ist sehr schön, mir geht es gut, macht Euch keine Sorgen. Viele Küsse, Euer Köbi!

P.S. Bitte: Was ist eine Epidemie?"

6. Beispiel: Das P.S.

Ein Mann tappt in sturzbetrunkenem Zustand nachts über den Parkplatz und tastet die Dächer der Wagen ab. „Was suchen Sie denn da?" fragt ein anderer. „Meinen Wagen." – „Wie soll denn das gehen? Alle Dächer fühlen sich doch gleich an." – „Denkste", brummt der Betrunkene, „bei mir ist ein Blaulicht drauf."

5. Beispiel: Wagensuche

„Sie haben Übergewicht!" – „Stimmt! Für mein Gewicht müßte ich 2 Meter 10 groß sein. Aber ich kann essen, was ich will - ich werde einfach nicht größer!!"

4. Beispiel: Gespräch unter Kollegen

„Herr Doktor, muss ich immer noch aufs Rauchen und auf Alkohol verzichten?" – „Aber ja doch! Das habe ich Ihnen doch schon vor vier Wochen gesagt!" – „Ja, schon! Ich dachte nur, die Wissenschaft hätte inzwischen Fortschritte gemacht!!!"

3. Beispiel: Beim Hausarzt

„Gustav, unsere Nachbarin hat mir erzählt, daß ihr Mann eine Geliebte hat. Hast du auch eine?" – „Wenn ich ganz ehrlich bin, ja!" Darauf sie: „Gott sei Dank! Ich hatte schon Angst, daß wir uns das nicht leisten können!"

9. Beispiel: Nachbarn...

Ein Araber, ein Schweizer, und ein Franzose sitzen in einem Café. Als eine Schönheit vorbeistolziert, sagt der Araber: „Bei Allah!" Der Schweizer flüstert leise: „Bei Gott!" Der Franzose ruft laut und fröhlich: „Bei mir! Heute abend!"

8. Beispiel: Tja, die Franzosen...

Die Familie überlegt sich, was man denn so unternehmen könnte. Meint der Sohn: „Ich möchte mal irgendwohin, wo ich lange nicht mehr war." Der Vater: „Dann geh zum Friseur."

7. Beispiel: Mal wieder was Neues?

1. Der **Physiker**: „In der Größenordnung von 1*10^1"
2. Der **Mathematiker** wird sich einen Tag lang in seine Stube verziehen und dann freudestrahlend mit einem dicken Bündel Papier ankommen: „Das Problem ist lösbar!"
3. Der **Logiker**: „Bitte definiere 2x2 präziser."

Mögliche (Auf-)Lösungen:

Variante 2: Wieviel ist 2 x 2 ? (zu Seite 91f.)

Der Orthopäde: *Hals und Beinbruch!*
Der Dermatologe: *Haut ab!*

Zum Beispiel:

Nächste Trainings-Stufe: Weitere Ärzte...?

1. Der Augenarzt: *Man sieht sich.*
2. Der Ohrenarzt: *Man hört voneinander.* Oder: *Laßt mal wieder was von Euch hören!*
3. Der Gynäkologe: *Bis die Tage!* Oder: *Grüßt Eure Frauen, ich schau bald wieder mal rein...*
4. Der Tierarzt: *Ich mach die Fliege!*

Mögliche Lösungen:

(zu Seite 89f.)

Variante 1: Die Herren brechen vom Stammtisch auf

2. Parallel-Pointen generieren

1. Der **Internist** hat Ahnung, kann aber nichts.
2. Der **Chirurg** hat keine Ahnung, kann aber alles.
3. Der **Psychiater** hat keine Ahnung und kann nichts, hat aber für alles Verständnis.
4. Der **Pathologe** weiß alles, kann alles, kommt aber immer zu spät.

Mögliche Lösungen:

Variante 3: Worin unterscheiden sich ein Internist, ein Chirurg, ein Psychiater und ein Pathologe als Experten?

- Der **Politiker**: „Ich verstehe Ihre Frage nicht…"
- Der **Hacker** bricht in den NASA-Supercomputer ein und läßt den kostenlos für sich rechnen.
- Der **Jurist**: „Die Antwort wäre eigentlich 4, aber ich weiß nicht, ob wir vor Gericht damit durchkommen."

Weitere denkbare Varianten…

4, Der **Psychiater**: „Weiß ich nicht, aber gut, daß du den Mut hattest, diese Frage zu stellen."

1. Helfen werden Ihnen die Tabletten zwar nicht, aber sie haben keine Nebenwirkungen!
2. Arzt: „Was denn? Sie können nur 300 Mark für die Behandlung bezahlen? Dafür kann ich höchstens Ihr Röntgenbild retuschieren!"
3. „Herr Doktor, ist das eine seltene Krankheit, die ich habe?" – „Blödsinn, die Friedhöfe sind voll davon!"

3. Übungstyp 11: Einzeiler schreiben (zu Seite 95f.)

1. **USA:** Er holt zwei Colts und knallt beide ab.
2. **England:** Er entschuldigt sich, nachdem er die beiden gesehen hat, und geht hinaus. Dann guckt er auf seine Uhr und sagt: „Oh, es ist schon fünf Uhr, ich muß zwei Tassen Tee für sie machen."
3. **Deutschland:** Sie sagt: „Hans, bist du es? Es ist erst acht Uhr, du wolltest um elf kommen, du bist doch sonst immer so pünktlich!"
4. **Frankreich:** Sie: „Ah, Pierre, endlich bist du da, komm, spielen wir zu dritt."
5. **Israel:** Sie: „Moische, wenn du das bist, mit wem liege ich denn dann im Bett?"

Variante 4: Wie reagieren Angehörige verschiedener Nationen, wenn der Ehemann seine Frau in den Armen eines anderen überrascht?

4. Beim Hausarzt: „Na, Herr Eckardt, wo drückt denn der Schuh?" – „Im Rücken!"

5. Penisneid: Das Verlangen, schrumpelig und klein sein zu wollen.

6. Was macht ein Psychologen-Ehepaar mit Zwillingen? Das eine landet im Experiment, das andere in der Kontrollgruppe.

7. „Guten Tag, Herr Doktor, mein Problem ist, daß ich ignoriert werde." – „Der Nächste, bitte!"

8. Patient: „Herr Doktor, ich habe das Gefühl, keiner nimmt mich ernst." Doktor: „Sie scherzen."

9. Weshalb tragen Chirurgen beim Operieren einen Mundschutz? Damit sie das Messer nicht ablecken!

10. „Herr Doktor, ich bin Ihnen unendlich dankbar!" – „Als Patient oder als Erblasser?"

11. „Das war knapp!" sagte der Chirurg nach der Operation. „Einen Zentimeter weiter, und ich wäre aus meinem Fachgebiet rausgewesen!"

12. „Herr Doktor, irgendwie bin ich in letzter Zeit so vergeßlich." – „Wie äußert sich das denn?" – „Was?"

13. Patientin: „Küssen Sie mich, Herr Doktor." Doktor: „Das geht nicht, genaugenommen dürfte ich nicht mal neben Ihnen auf der Couch liegen."

Anhang II

Literaturverzeichnis

1. **ALDINGER, Marco**: *Bewußtseins-Erheiterung – Weisheitsgeschichten.* Herder Spektrum, Freiburg 1998

2. **ALDINGER, Marco**: *Was ist die ewige Wahrheit? Geh weiter! – Zen-Geschichten vom Anhaften und Loslassen.* Herder Spektrum, Freiburg 1998

3. **BERGER, Arthur Asa**: *The Art of Comedy Writing.* Transaction Publishers, New Brunswick 1997

4. **BERGER, Peter**: *Erlösendes Lachen – das Komische in der menschlichen Erfahrung.* (Original: *Redeeming Laughter*), Walter de Gruyter, Berlin/New York 1998

5. **BIRKENBIHL, Vera F.**: *Das „neue" Stroh im Kof?* mvg, 38. Auflage, Landsberg 2001

6. **BIRKENBIHL, Vera F.**: *StoryPower. Welchen Einfluß Stories auf unser Denken und Leben haben.* mvg, Landsberg 2001

7. **BIRKENBIHL, Vera F.**: *Erfolgstraining. Schaffen Sie sich Ihre Wirklichkeit selbst.* mvg, 12. Auflage, Landsberg 2001

8. **BIRKENBIHL, Vera F.**: *Rhetorik – Redetraining für jeden Anlaß.* Urania, 5. Auflage, Berlin 2000

9. **BOMBECK, Erma**: *Aunt Erma's Cope Book.* Fawcett Crest, New York 1979

10. **BOMBECK, Erma**: *Ich hab' mein Herz im Wäschekorb verloren.* Gustav Lübbe Verlag, Bergisch Gladbach 1993

11. **BRANDE, Dorothea**: *Becoming a Writer.* J.P. Tarcher, Inc., Los Angeles 1981

12. **BRYANT, Jean**: *Anybody can write – A playful Approach.* New World Library, San Rafael 1985

13. **CAMERON, Julia**: *Der Weg des Künstlers – Ein spiritueller Pfad zur Aktivierung unserer Kreativität.* (Original: *The Artist's Way – A Spiritual Path to Higher Creativity*) Droemer Knaur, München 1996

14. **DICKSON, Paul**: *Dickson's Joke Treasury*. John Wiley & Sons, New York 1992

15. **DIECKMANN, Rolf**: *STERN-Witze 3*. (Hrsg.: Rolf Schmidt-Holtz), Gruner + Jahr, 3. Auflage, Hamburg 1996

16. **FARELLY, Frank/BRANDSMA, Jeff**: *Provokative Therapie*. (Original: *Provocative Therapy*), Springer Verlag, Berlin 1974

17. **FELDMAN, Sally**: *Woman's Hour Book of Humor*. BBC Books, London 1994

18. **FREUD, Sigmund**: *Der Witz und seine Beziehung zum Unbewußten – der Humor*. Fischer Taschenbuch, 5. Auflage, Frankfurt/Main 1999

19. **FREY, James N.**: *Wie man einen verdammt guten Roman schreibt*. (Original: *How to write a damn good novel*), Hermann-Josef Emons Verlag 1993

20. **GOLDBERG, Natalie**: *Writing down the Bones*. Shambala, Boston/London 1986

21. **GOLEMAN, Daniel**: *EQ. Emotionale Intelligenz*. dtv, München 1997

22. **GROSCHE, Erwin**: *Auf leisen Sohlen – Paulines Traumbuch*. dtv, München 1999

23. **HELITZER, Melvin**: *Comedy Writing Secrets*. Writer's Digest Books, Cincinnati 1987

24. **HIRSCH, Eike Christian**: *Der Witzableiter oder Schule des Gelächters*. Hoffmann und Campe, Hamburg 1985 (leider vergriffen)

25. **HOFFMANN, Rüdiger**: *Ich komme–!* Kiepenheur & Witsch, Köln 2000

26. **HOFFMANN, Rüdiger**: *Asien, Asien*. Kiepenheuer & Witsch, 2. Auflage, Köln 2000

27. **HOLDEN, Robert**: *Laughter the best Medicine*. Harper Collins Publishers, London 1993

28. **HORTON, Andrew**: *Laughing Out Loud*. University of California Press, Berkeley/Los Angeles 2000

29. **HÖFNER, Eleonore/SCHACHTNER, Hans-Ullrich**: *Das wäre doch gelacht! – Humor und Provokation in der Therapie*. Rowohlt, Reinbek 1997

30. **KLAUSER, Henriette Anne**: *Writing on both Sides of the Brain*. Harper, San Francisco 1987

31. **KOESTLER, Arthur**: *Der Mensch, Irrläufer der Evolution*. (Original: *Janus; A Summing Up*), Fischer, Frankfurt/Main 1993

32. **KÖHLER, Karl**: *Vom Rüttelscheich im Schüttelreich – Meist heitere, manchmal nachdenkenswerte Reime aus dem Schüttelsieb.* Verlag August Lax, Hildesheim 1992

33. **KRAUS, Karl**: *Unsterblicher Witz.* Kösel-Verlag, München 1961

34. **KÜSTENMACHER, Werner „Tiki"**: *Tikis Buch der frommen Witze.* Pattloch, Augsburg 1994

35. **LAKOFF, George/Johnson, Mark**: *Leben in Metaphern. Konstruktion und Gebrauch von Sprachbildern* (Original: *Metaphors We Live By*). Carl Auer-Systeme, 2. korr. Auflage, Heidelberg 2000

36. **LoVERDE, Mary**: *Stop Screaming at the Microwave.* Fireside Book, New York 1998 (bald auf Deutsch erhältlich: *Wege aus der Stressfalle. Beziehungen zu Familie, Freunden und Partnern retten Sie vor dem Alltagschaos.* mvg, Landsberg 2001)

37. **McGHEE, Paul**: *Health, Healing and the Amusement System – Humor as Survival Training.* Kendall/Hunt 1999

38. **McWILLIAMS, John/McWILLIAMS, Roger/McWILLIAMS, Peter**: *You Can't Afford the Luxury of a Negative Thought.* HarperCollins, London 2001

39. **NØRRETRANDERS, Tor**: *Spüre die Welt – Die Wissenschaft des Bewußtseins.* Rowohlt Taschenbuch Verlag GmbH, Reinbek bei Hamburg 1997

40. **PERRET, Gene**: *Comedy Writing Step by Step.* Samuel French, New York 1982

41. **PISPERS, Volker**: *Damit müssen Sie rechnen.* con anima, Düsseldorf 1999

42. **QUENEAU, Raymond**: *Stilübungen.* Suhrkamp, Frankfurt/Main 1990

43. **RANNOW, Jerry:** *Writing Television Comedy.* Allworth Press, New York 1999

44. **ROCHE, Jenny:** *Comedy Writing.* Teach Yourself Books 1999

45. **SELIGMAN, Martin:** *Pessimisten küßt man nicht – Optimismus kann man lernen.* Droemer Knaur, München 1991

46. **STEEN, Sita**: *Lexikon für Schüttelreimer - Reime hoch 2.* Olms Presse, Hildesheim/Zürich/New York 1995

47. **SURMELIAN, Leon:** *Techniques of Fiction Writing: Measure and Madness.* Anchor Book, New York 1969

48. **TITZE, Michael**: *Die heilende Kraft des Lachens – Mit Therapeutischem Humor frühe Beschämungen heilen.* Kösel-Verlag, München 1995

49. **TITZE, Michael/ESCHENRÖDER, Christof:** *Therapeutischer Humor – Grundlagen und Anwendungen.* Fischer, Frankfurt/Main 1998

50. **WALLER, Klaus (Hrsg.):** *Das große Buch des Lachens – Eine Reise durch die Welt des Humors.* Rowohlt, Reinbek 1995

51. **WEINSTEIN, Matt:** *Management by fun. Die ungewohnliche Form, mehr Motivation, Kreativität und Engagement zu erzeugen.* mvg BusinessTraining, Landsberg am Lech 1999

Anhang III

Stichwortverzeichnis

A

R

Reaktion 137
Repertoire 40, 151
Revanchieren 137
RICHLING, Mathias 104
Ringtausch 19
RUBINSTEIN, H. 26

S

Scharfsinn 59
Schaubild KOESTLERS 57, 200
Schauspieler 153f.
Scherz 59
Schmerzen 31, 34
Schneeballeffekt 140
Schule 16
Schwachstelle, eigene 70
Selbstmord 45
Selbstwertgefühl 145
Sitcom 9, 99
Skelettmuskulatur 27
Skinheads 43
SOLOMON 124
Spielregeln 73
Stehauf-Männchen 125, 127
Strategie 151
Streß(-), 117, 135, 153
– eingebildeter 153
– eingebildeter positiver 154
– negativer 153
– positiver 154
  -Energie 131
  -Hormon 48